I0821228

JAMIE OLIVER

Air Fryer Fácil

Fotografía DAVID LOFTUS

Diseño JAMES VERITY

Grijalbo

Contenido

A todos nos gusta la air fryer

Mientras escribo estas líneas, solo aquí en el Reino Unido más de la mitad de los hogares tienen una freidora de aire. Al ver cómo crecía su popularidad, quise averiguar exactamente por qué estas máquinas son cada vez más protagonistas en nuestras cocinas. Cuando escribo libros de cocina siempre procuro responder a lo que me pide el público, así que me he metido de lleno en el mundo de las freidoras de aire y he experimentado con ellas hasta la saciedad para ver qué pueden ofrecer estas prácticas máquinas de cocina. Desde luego, si animan a que más gente se meta en la cocina, eso siempre es positivo. Y créeme, son unas máquinas estupendas.

Son muy versátiles...

Y las posibilidades no se limitan a preparar unas patatas asadas, aunque por supuesto quedan deliciosas en freidora de aire (mira mis Patatas al horno buenísimas, pág. 103). Lo que más me ha gustado es lo mucho que se puede cocinar con ellas. Desde sopas hasta ensaladas, pasando por pasta al horno, hamburguesas, pescado, pan y postres... ¡el potencial es enorme! Y eso es justo lo que he intentado plasmar en este libro, llevando al límite a la air fryer para crear platos fáciles cargados de sabor y texturas, cuyos resultados espero que te sorprendan y te encanten.

... y un utensilio estupendo

Considera la air fryer como un utensilio más de tu arsenal de cocina. Está ahí para hacerte el trabajo y ya se ha ganado su sitio junto al horno, la placa y el microondas. Espero que la gran variedad de recetas que te propongo te inspire a ver la freidora de aire de otra manera: tanto si nunca has cocinado con una como si andas buscando nuevas ideas, deja que este libro te ayude a innovar con ella. ¡Te va a encantar!

Cómo funciona una air fryer

Las freidoras de aire permiten cocinar de forma rápida, eficaz y relativamente sin intervención. Envían aire caliente y seco a los alimentos para que queden crujientes y dorados (como si estuvieran fritos, ¡pero no lo están!).

Básicamente, es un ventilador que sopla aire a una resistencia y lo dirige a una cubeta extraíble (también llamada cesta) que hay debajo. El aire caliente circula por la cubeta, cocina los alimentos por todos los lados y los deja crujientes. Cada cubeta tiene una base extraíble (también llamada rejilla) que se puede utilizar de diferentes maneras, como verás en las recetas. A menos que se indique que hay que retirarla, todas las recetas usan la air fryer con la rejilla colocada.

A menudo, la air fryer cocina en menos tiempo del que tarda el horno en calentarse, y por lo general los alimentos se cocinan más rápido o puedes cocinar cosas que prepararías en la placa, pero despreocupándote de ellas. Las air fryers son bastante compactas y de bajo consumo, por lo que son ideales para cocinar una porción de algo sin tener que encender el horno, con lo que también acabas ahorrando algo de dinero.

La despensa básica

Como ya ha sido la tónica en mis últimos libros de cocina, doy por hecho que tienes estos cinco ingredientes básicos en la despensa. Se usan a menudo a lo largo del libro y no se incluyen en las listas de ingredientes de cada página. Me refiero a aceite de oliva para cocinar; aceite de oliva virgen extra para aderezar y rematar los platos; vinagre de vino tinto para aportar acidez y equilibrar las marinadas, las salsas y los aliños, y, por supuesto, sal marina y pimienta negra para sazonar al gusto.

Hablemos de los utensilios

Suelo utilizar siempre los mismos utensilios de cocina, y no son muchos, así que no creas que debes gastarte un dineral para contar con todo lo necesario en la cocina. Además de la freidora de aire, unas cuantas cosas más te irán bien. Una tabla de cortar y un buen cuchillo son indispensables casi en cada receta. Un pelador de verduras, un rallador y un mortero resultan fantásticos para crear texturas y resaltar sabores. Un robot de cocina y una batidora de mano siempre serán un plus. También me he aficionado a usar un pulverizador para el aceite de oliva; con él es más fácil controlar el uso del aceite, tanto dónde se pone como la cantidad que se usa, lo que contribuye a hacer el plato más saludable.

Platos sabrosos para comer y cenar que tendrás listos en un santiamén

Platos fáciles y rápidos

Pasta con feta y tomate

 Para 4 personas 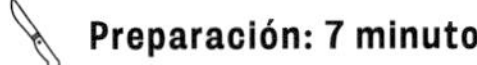 Preparación: 7 minutos  Cocción: 15 minutos  1 cubeta

400 g de tomates cherry maduros de colores variados

2 dientes de ajo

1 guindilla roja fresca

6 aceitunas negras con hueso

½ manojo de albahaca (15 g)

125 g de queso feta

300 g de orecchiette o la pasta seca que se prefiera

1 Partir los tomates por la mitad, pelar los ajos y cortarlos en rodajas finas, partir por la mitad la guindilla y cortarla en rodajas (retirar las semillas si se prefiere), aplastar las aceitunas, retirar el hueso y trocearlas, y ponerlo todo en la cubeta de la air fryer. Picar finos los tallos de la albahaca y echarlos en la cubeta, reservando las hojas. Agregar 2 cucharadas de aceite de oliva, ½ cucharada de vinagre de vino tinto y una pizca de sal marina y pimienta negra, y remover para que se impregne todo bien.

2 Romper el feta en tres trozos, apilarlos unos encima de otros en la cubeta y cocinarlo todo durante 15 minutos a 200 °C, o hasta que los tomates se hayan asado y el feta esté dorado y tierno.

3 Mientras, cocer la pasta en una cazuela de agua hirviendo con sal según las instrucciones indicadas en el envase. Con una espumadera, pasar la pasta directamente a la cubeta de la air fryer, añadir casi todas las hojas de albahaca troceadas, mezclar bien y sazonar al gusto, diluyendo la consistencia con un poco del agua de cocción si fuera necesario.

4 Repartir entre los boles, echar por encima las hojas de albahaca restantes, y terminar con un poco más de aceite de oliva virgen extra si se desea.

CALORÍAS	GRASAS	GR. SAT.	PROTEÍNAS	CARBOH.	AZÚCAR	SAL	FIBRA
424 kcal	14,9 g	5,5 g	14,9 g	61,5 g	5,8 g	1,4 g	1,3 g

Tostadas espectaculares con queso derretido

Para 2 personas

Preparación: 7 minutos

Cocción: 10 minutos

1 cubeta

2 rebanadas grandes de un buen pan (1½ cm de grosor)

1 huevo

50 g de queso red leicester o cheddar

1 cucharada de crème fraîche semidesnatada

1 cucharadita colmada de mostaza inglesa

25 g de rodajas de jalapeños en conserva

1 manzana

1 cogollo de lechuga

opcional: salsa Worcestershire

1 Poner el pan en la cubeta de la air fryer y tostarlo 5 minutos a 200 °C.

2 En un bol, batir el huevo hasta que quede ligero y espumoso. Rallar fino el queso y añadirlo al huevo junto con la crème fraîche, la mostaza y una pizca de pimienta negra, y mezclar bien.

3 Sacar el pan de la air fryer, darle la vuelta, extender con una cuchara la mezcla de huevo en ambas rebanadas y, con cuidado, disponer las rodajas de jalapeños por encima, introduciéndolas un poco en el huevo. Volver a ponerlas en la cubeta y cocinar 5 minutos a 200 °C, o hasta que esté dorado y burbujee.

4 Mientras, cortar la manzana en rodajas finas y luego en palitos. Separar las hojas exteriores de la lechuga, que se pueden servir tal cual, cortar en rodajas finas el tallo interior y trocear las hojas más tiernas del centro. Mezclarlo todo con un poco de aceite de oliva virgen extra, vinagre de vino tinto y sal y pimienta, y emplatar junto con las tostadas. Añadir un toque de salsa Worcestershire, si se desea, ¡y a disfrutar!

Variaciones fáciles

Este plato admite el queso para derretir que se prefiera. Entre mis quesos ingleses favoritos están Westcombe Cheddar, Lincolnshire Poacher y Mrs Kirkham's Lancashire. El jalapeño es lo que le da ese toque potente, pero se puede intercambiar por cualquier otra bomba de sabor: una capa de mermelada de guindilla, chutney o incluso una capita de verduras encurtidas Branston Pickle por debajo de la mezcla de huevo.

CALORÍAS	GRASAS	GR. SAT.	PROTEÍNAS	CARBOH.	AZÚCAR	SAL	FIBRA
325 kcal	17,7 g	7,8 g	14,5 g	27 g	9,6 g	1,8 g	2,8 g

Salmón en papillote con verduras de primavera

Para 1 persona + 1 para reservar | Preparación: 9 minutos | Cocción: 15 minutos | 1 cubeta

1 paquete (de 250 g) de arroz cocido

250 g de espárragos

160 g de guisantes frescos o congelados

1 limón

1 cucharadita de mostaza de Dijon

50 g de crème fraîche semidesnatada

2 filetes de salmón o de trucha (de 130 g cada uno), con piel, sin escamas y sin espinas

2 ramitas de menta

opcional: 25 ml de vino blanco

1 Vamos a preparar dos paquetes; se pueden cocinar en dos tandas o bien reservar uno de ellos crudo en la nevera, donde se conservará perfectamente hasta 2 días, listo para cocinarlo cuando se desee. En primer lugar, cortar dos hojas grandes de papel de aluminio resistente (de unos 60 cm de largo), doblarlas por la mitad y abrirlas de nuevo como un libro.

2 Volcar el arroz en un bol y ahuecarlo con un tenedor. Romper y desechar los extremos leñosos de los espárragos y cortar los tallos en rodajas, dejando las puntas enteras. Echarlos en el bol del arroz junto con los guisantes. Rallar fina la piel del limón e incorporarla al bol con 1 cucharada de aceite de oliva y una pizca de sal marina y pimienta negra, y mezclar bien.

3 Dividir la mezcla de arroz entre las dos hojas de papel de aluminio, colocándolo solo en una de las mitades de cada hoja. Mezclar la mostaza con la crème fraîche y echar con una cuchara sobre el arroz; sazonar ligeramente el salmón y ponerlo encima del arroz con la piel hacia abajo.

4 Deshojar la menta, reservando las hojas más pequeñas y bonitas, picar finas las hojas restantes y echarlas por encima del salmón. Doblar el papel de aluminio por encima para formar un paquete y retorcer los extremos para sellarlos; antes de sellar el último lado, añadir 25 ml de vino o de agua.

5 Poner uno de los paquetes en la cubeta de la air fryer y cocinarlo 15 minutos a 200 °C o justo hasta que el salmón esté hecho. Romper con cuidado el papel de aluminio, disponer por encima las hojitas de menta reservadas y servir con cuñas de limón.

CALORÍAS	GRASAS	GR. SAT.	PROTEÍNAS	CARBOH.	AZÚCAR	SAL	FIBRA
525 kcal	20,4 g	5,7 g	39 g	48,8 g	5,4 g	1,2 g	7,7 g

Tostada de caballa ahumada

 **Para 2 personas** **Preparación: 10 minutos**  **Cocción: 10 minutos**  **1 cubeta**

160 g de filetes de caballa ahumada

2 rebanadas de focaccia o el pan que se prefiera

300 g de patatas nuevas peladas en conserva

1 cucharadita de mostaza inglesa

150 g de yogur natural

2 cucharaditas de alcaparras pequeñas en salmuera

½ manojo de cebollino (10 g)

1 pepinillo

160 g de tomates maduros

½ pepino

½ limón

1 Poner los filetes de caballa con la piel hacia abajo sobre las rebanadas de focaccia, introducirlas en la cubeta de la air fryer y cocinarlas 10 minutos a 200 °C o hasta que se doren.

2 Escurrir las patatas (trocear las más grandes) y ponerlas en un bol grande con la mostaza, el yogur y las alcaparras. Picar fino el cebollino y echar casi todo en el bol. Cortar en rodajas finas el pepinillo, picar los tomates y el pepino, incorporarlos también al bol, mezclar bien y sazonar al gusto.

3 Repartir la ensalada entre los platos y poner a un lado las tostadas con caballa ahumada. Verter por encima los jugos de cocción que hayan quedado en la cubeta y decorar con el resto del cebollino. Servir con cuñas de limón.

CALORÍAS	GRASAS	GR. SAT.	PROTEÍNAS	CARBOH.	AZÚCAR	SAL	FIBRA
498 kcal	25,9 g	7 g	26,7 g	38,5 g	9,9 g	2,8 g	3,8 g

Mejillones cremosos al ajo

 **Para 1 persona**  **Preparación: 7 minutos**  **Cocción: 17 minutos**  **2 cubetas**

1 chalota

2 dientes de ajo

20 g de mantequilla sin sal

75 ml de vino blanco

50 g de pan de barra

¼ de manojo de cebollino (5 g)

400 g de mejillones, limpios y sin barbas

2 cucharadas de crème fraîche semidesnatada

1 Retirar la rejilla de la cubeta grande de la air fryer. Pelar la chalota y el ajo y picarlos finos, ponerlos en la cubeta con la mantequilla y cocinarlos 12 minutos a 180 °C o hasta que estén tiernos. A media cocción, sacudir la cubeta y añadir el vino.

2 Mientras, cortar la barra de pan en rebanadas finas y en diagonal, y ponerlas en la cubeta pequeña durante 8 minutos a 200 °C o hasta que estén doradas y crujientes. Picar fino el cebollino.

3 Comprobar los mejillones; darles unos golpecitos a los que estén abiertos y desechar los que no se abren. Esparcirlos en la cubeta grande y cocinarlos 5 minutos a 200 °C o hasta que todos los mejillones se hayan abierto y estén tiernos y jugosos. Desechar los que sigan cerrados.

4 Agregar a los mejillones la crème fraîche y casi todo el cebollino, y sazonar al gusto. Disponer las tostadas crujientes en una fuente, echar por encima los mejillones y los jugos de la cocción, esparcir por encima el resto del cebollino ¡y a comer!

CALORÍAS	GRASAS	GR. SAT.	PROTEÍNAS	CARBOH.	AZÚCAR	SAL	FIBRA
510 kcal	24,4 g	14 g	25,4 g	34,7 g	3,9 g	1,5 g	2,1 g

¡Sí a los panes planos de yogur!

Bastan 10 minutos en la air fryer para elaborar unos panes planos perfectos. Uniformes y crujientes por fuera y blanditos por dentro... ¿quién puede resistirse?

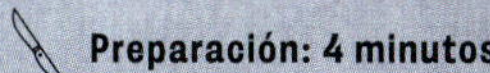
Preparación: 4 minutos  Cocción: 10 minutos  1 cubeta

Solo hay que mezclar **150 g de harina con levadura**, una buena pizca de sal marina, **100 g de yogur natural** y 1 cucharada de aceite de oliva; cuando sea muy difícil mezclarlo con un tenedor, usar las manos. Amasar durante 1 minuto y estirar la masa hasta que tenga 1 cm de grosor; hay que asegurarse de que no sea más grande que la cubeta de la air fryer. Se puede dejar tal cual o añadir **½ cucharadita de comino, hinojo o comino negro**, dándoles toques a las semillas para que se adhieran a la masa por ambas caras. Introducir en la cubeta y cocinar la masa durante 10 minutos a 200 °C o hasta que esté dorada y se hinche, dándole la vuelta a media cocción.

Verduras y tofu con alubias negras

Para 2 personas | Preparación: 6 minutos | Cocción: 17 minutos |  2 cubetas

4 cebolletas

320 g de verduras crujientes variadas, como pimientos, zanahorias, brócoli, judías verdes, tirabeques

280 g de tofu muy firme

2 cucharadas colmadas de salsa de alubias negras

300 g de fideos udon gruesos listos para wok

1 lima

1 cucharada de miel líquida

2 cucharadas de cacahuetes tostados sin sal

4 ramitas de cilantro

1 Retirar la rejilla de la cubeta grande de la air fryer. Limpiar las cebolletas y cortarlas en trozos de 3 cm. Limpiar y preparar las verduras variadas, cortándolas en trozos del tamaño de un bocado. Ponerlo todo en la cubeta, pulverizar con aceite de oliva, sazonar con sal marina y pimienta negra, y remover para que se impregne todo bien. Cocinar 10 minutos a 180 °C o hasta que empiecen a dorarse, sacudiendo la cubeta a media cocción.

2 Secar el tofu dándole toques con papel de cocina, cortarlo en trozos de 2 cm, ponerlos en la cubeta pequeña y mezclarlos con la mitad de la salsa de alubias negras y 1 cucharadita de aceite. Sacudir la cubeta para que quede una capa uniforme y cocinar el tofu 10 minutos a 200 °C, dándole unas vueltas a media cocción.

3 Cumplido el tiempo de las verduras, separar los fideos, atomizar un poco de aceite, mezclar bien y echarlos en la cubeta grande. Cocinar 3 minutos a 180 °C. Mientras, en un bol pequeño, mezclar el resto de la salsa de alubias negras, 2 cucharadas de agua y el zumo de ½ lima. Verterlo por encima de los fideos y las verduras, mezclar bien y cocinarlo 2 minutos más a 180 °C. Regar el tofu con la miel, remover para que se impregne bien y cocinarlo unos últimos 2 minutos a 180 °C o hasta que tengan una textura melosa.

4 Emplatar los fideos y las verduras, disponer el tofu encima, esparcir los cacahuetes machacados y las hojas del cilantro, y servir con cuñas de lima.

CALORÍAS	GRASAS	GR. SAT.	PROTEÍNAS	CARBOH.	AZÚCAR	SAL	FIBRA
564 kcal	18,3 g	2,8 g	26,6 g	62,3 g	18,6 g	1,4 g	7,1 g

Pescado con arroz especiados al horno

 **Para 1 persona**  **Preparación: 5 minutos**  **Cocción: 15 minutos**  **1 cubeta**

75 g de arroz basmati

1 cucharadita de la pasta de curri que se prefiera

1 cucharadita colmada de chutney de mango

80 g de tomates cherry maduros

4 ramitas de cilantro

1 filete de pescado blanco (de 130 g), sin piel ni espinas

1 Poner el arroz en un molde rectangular pequeño que quepa en la cubeta de la air fryer. Agregar la pasta de curri, el chutney de mango y los tomates partidos por la mitad. Picar finos los tallos de cilantro e incorporarlos, reservando las hojas. Sazonar con sal marina y pimienta negra, verter 100 ml de agua hirviendo y mezclar bien. Disponer el pescado encima, sazonar y regar con un poco de aceite de oliva.

2 Tapar el molde con papel de aluminio de modo que quede bien ajustado, ponerlo en la cubeta y cocinarlo 15 minutos a 200 °C. Luego, dejarlo reposar en la cubeta 5 minutos más o hasta que el pescado y el arroz estén bien cocidos.

3 Con una cuchara, pasar el pescado y el arroz a un plato y adornarlo con las hojas de cilantro reservadas. Muy rico acompañado de una cucharada de yogur y una cuña de limón.

CALORÍAS	GRASAS	GR. SAT.	PROTEÍNAS	CARBOH.	AZÚCAR	SAL	FIBRA
454 kcal	6,8 g	0,9 g	31,2 g	71,2 g	7,9 g	1,2 g	2,5 g

A la rica tostada

Con la air fryer se pueden preparar tostadas con ingredientes deliciosos y obtener unos resultados de lo más satisfactorios. Estas son algunas de mis combinaciones favoritas, y en todas uso requesón como base para transmitir los sabores. ¡Estoy deseando ver las vuestras!

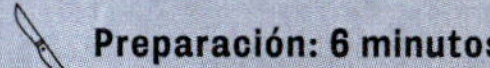

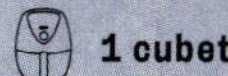

Preparación: 6 minutos · Cocción: 7 minutos · 1 cubeta

Precalentar la air fryer 2 minutos a 200 °C. Colocar **1 rebanada gruesa de pan** en la cubeta; puede ser pan con semillas, de masa madre, hogaza... el que se prefiera. Tostarlo 5 minutos a 200 °C, dándole la vuelta a media cocción, y luego frotar la parte superior con la parte cortada de **½ diente de ajo**. Preparar uno de los acompañamientos siguientes, cocinarlo 2 minutos a 200 °C o hasta que se haya derretido, sazonar al gusto y a comer.

Acompañamientos

Mezclar **½ cucharada de pasta de tomates secos** con **1 cucharada de requesón**, untarlo en la tostada, coronar con **2 rodajas de mozzarella** y terminar con unas **hojas de albahaca**.

Mezclar **½ cucharada de pasta de harissa** con **1 cucharada de requesón**, untarlo en la tostada y coronar con **aguacate maduro**, un poco de **queso feta** y una pizca de **pimentón ahumado**.

Untar la tostada con **½ cucharadita de extracto de levadura Marmite**, mezclar **1 cucharada de cada de cheddar fuerte rallado y requesón** con algunas **cebollitas en vinagre** picadas, disponerlo sobre la tostada, y romper por encima unas **patatas fritas sabor queso y cebolla**.

Esos platos que tanto gustan,
con sabores que conoces y adoras,
en versión air fryer

Nuevos clásicos

Schnitzel de pollo

Para 1 persona + 1 para congelar | **Preparación: 10 minutos** | **Cocción: 12 minutos** | **1 cubeta**

2 pechugas de pollo sin piel (de 150 g cada una)

2 cucharadas de harina

2 huevos

1 cucharada de pasta de tomates secos

100 g de pan blanco duro

2 filetes de anchoas en aceite

½ limón

1 Esta receta es perfecta para una persona, ya que la pechuga abierta cabrá justa en la cubeta de la air fryer, pero vamos a preparar dos raciones porque vale la pena; se puede envolver la segunda y meterla en la nevera hasta 3 días o en el congelador hasta 3 meses.

2 Cortar con cuidado las pechugas de pollo en horizontal y abrirlas como si fueran un libro. De una en una, ponerlas entre dos hojas de papel de horno y golpearlas hasta obtener un grosor de ½ cm. Espolvorearlas bien con la harina por ambas caras.

3 Batir 1 huevo y la pasta de tomate en un bol poco profundo y sazonar con sal marina y pimienta negra. En un robot de cocina, triturar el pan con 1 cucharada de aceite de oliva hasta obtener un pan rallado fino y extenderlo en un plato.

4 Precalentar la air fryer durante 2 minutos a 200 °C. Pasar las pechugas enharinadas por la mezcla de huevo, dejando que escurra el sobrante, y rebozarlas con el pan rallado, dándoles unos toques para que se pegue bien.

5 Pulverizar con aceite una de las pechugas empanadas, ponerla en la cubeta y cocinarla 4 minutos a 200 °C o hasta que se dore (si está congelada, 8 minutos). Darle la vuelta y cocinarla 3 minutos, darle la vuelta de nuevo, cascar 1 huevo encima y cocinar 5 minutos más, o hasta que el huevo esté cocido al gusto y el pollo en su punto.

6 Emplatar, cortar las anchoas en tiras finas y colocarlas encima del schnitzel. Servir con una cuña de limón. Queda ideal con una ensalada de patata y unas hojas verdes aliñadas.

CALORÍAS	GRASAS	GR. SAT.	PROTEÍNAS	CARBOH.	AZÚCAR	SAL	FIBRA
482 kcal	15,6 g	3,6 g	51,2 g	35,1 g	1,9 g	1,8 g	2 g

Koftas de cordero

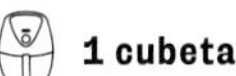

100 g de cuscús integral

1 limón

25 g de orejones de albaricoque

25 g de pistachos sin cáscara y sin sal

250 g de carne de cordero picada

1 cucharadita de ras el hanout

½ cebolla roja pequeña

½ manojo de perejil (15 g)

½ manojo de menta (15 g)

400 g de garbanzos en conserva

1 cucharada de pasta de harissa

4 cucharadas de yogur griego

1 Poner el cuscús en un bol, rallar fina la piel del limón por encima, verter agua hirviendo justo hasta cubrirlo, tapar y reservar.

2 Picar finos los albaricoques y los pistachos, y ponerlos en otro bol con el cordero, el ras el hanout y una buena pizca de sal marina y pimienta negra. Ahuecar el cuscús con un tenedor, agregar un tercio a la mezcla de cordero y amasar bien la carne con las manos limpias.

3 Dividir esta mezcla en 8 porciones iguales y darles forma de koftas con los dedos, dejando huellas en la superficie para darles más textura. Poner las koftas en la cubeta de la air fryer, pulverizarlas con aceite de oliva y cocinarlas 20 minutos a 180 °C o hasta que chisporroteen, sacudiendo la cubeta a media cocción.

4 Mientras, pelar la cebolla, cortarla en juliana muy fina, estrujarla un poco con una pizca de sal y 2 cucharadas de vinagre de vino tinto, y reservar para elaborar un encurtido rápido.

5 Picar finas las hojas de las hierbas aromáticas y añadirlas al resto del cuscús con un buen chorro de zumo del limón y 1 cucharada de aceite de oliva virgen extra. Escurrir los garbanzos, añadirlos al cuscús, mezclar bien, sazonar al gusto y repartir entre los platos.

6 Disponer las koftas encima. Luego, crear unas ondas de harissa en el yogur y servir a un lado. Coronar el plato con la cebolla roja encurtida y servir con cuñas de limón.

CALORÍAS	GRASAS	GR. SAT.	PROTEÍNAS	CARBOH.	AZÚCAR	SAL	FIBRA
721 kcal	32,8 g	9,3 g	43,4 g	64,4 g	10,5 g	1 g	12,4 g

Albóndigas de chili con carne

 **Para 2 personas**  **Preparación: 18 minutos**  **Cocción: 25 minutos**  **1 cubeta**

1 boniato (250 g)

2 cucharaditas de pimentón ahumado

400 g de alubias negras en conserva

2 cucharaditas de semillas de comino

1 guindilla roja fresca

½ manojo de cilantro (15 g)

250 g de carne de ternera picada

1 lima

200 g de tomates cherry maduros

salsa de chile chipotle

1 Lavar el boniato, cortarlo en trozos de 2 cm y, en un bol, mezclarlo con el pimentón, 1 cucharada de aceite de oliva y una pizca de sal marina y pimienta negra.

2 Retirar la rejilla de la cubeta de la air fryer y verter las alubias (incluido el líquido de la conserva), añadir 1 cucharadita de semillas de comino y sazonar bien. Volver a poner la rejilla, agregar el boniato (reservando el bol para después) y cocinarlo todo 15 minutos a 180 °C.

3 Para preparar las albóndigas, picar fina la guindilla (retirar las semillas, si se desea) y casi todo el cilantro, tallos incluidos, reservando algunas hojas bonitas. Pasarlo al bol reservado junto con el resto de las semillas de comino y la carne picada, rallar fina la piel de la lima, sazonar y amasar bien con las manos limpias.

4 Dividir la mezcla en 10 porciones iguales, formar albóndigas y añadirlas a la cubeta junto con los tomates. Sacudir la cubeta para que se forme una capa uniforme y cocinar 10 minutos a 180 °C o hasta que las albóndigas estén ligeramente doradas y bien cocidas, sacudiendo la cubeta a media cocción.

5 Pasar las albóndigas, el boniato y los tomates a un plato y, con unas pinzas, retirar con cuidado la rejilla. Exprimir la mitad de la lima sobre las alubias, añadir unos toques de salsa de chile chipotle y chafar la mitad de las alubias para obtener una textura más cremosa. Repartir entre los platos, disponer las albóndigas, el boniato y los tomates encima y esparcir las hojas de cilantro reservadas. Servir con cuñas de lima y más salsa de chile chipotle si se desea.

CALORÍAS	GRASAS	GR. SAT.	PROTEÍNAS	CARBOH.	AZÚCAR	SAL	FIBRA
462 kcal	14,6 g	3,9 g	39,7 g	39 g	10,1 g	1,5 g	18 g

Hamburguesas de langostinos con guindilla dulce

 **Para 2 personas**  **Preparación: 14 minutos**  **Cocción: 12 minutos**  **1 cubeta**

un trozo de jengibre de 2 cm

2 cebolletas

½ manojo de cilantro (15 g)

100 g de maíz dulce en conserva

165 g de langostinos pelados crudos

2 cucharadas de salsa de guindilla dulce

2 panecillos con semillas

1 cucharada de yogur griego

1 cogollo de lechuga

½ lima

1 Pelar el jengibre, limpiar las cebolletas y picar ambos en una tabla de cortar junto con los tallos del cilantro, reservando las hojas. Escurrir el maíz y añadirlo a la tabla de cortar junto con los langostinos y una pizquita de sal marina y pimienta negra. Seguir picándolo todo hasta que quede desmenuzado, pero manteniendo una cierta textura. Aplastarlo y mezclarlo todo con la parte plana del cuchillo durante un par de minutos para que ligue bien.

2 Con las manos húmedas, dividir la mezcla en dos porciones y darles la forma de hamburguesas de 2 cm de grosor. Ponerlas en la cubeta de la air fryer, pulverizarlas con aceite de oliva y cocinarlas 10 minutos a 200 °C, o hasta que estén doradas y bien cocidas.

3 Untar las hamburguesas con la mitad de la salsa de guindilla y cocinarlas 2 minutos más a 200 °C. Añadir a un lado los panecillos con el lado cortado hacia arriba.

4 Mezclar el resto de la salsa de guindilla con el yogur y repartir la mitad en las bases del pan. Luego, poner las hamburguesas encima. Picar la lechuga, mezclarla con las hojas de cilantro reservadas y el resto del yogur con guindilla, repartirlo sobre las hamburguesas, exprimir la lima por encima y tapar con el otro pan. Si ha sobrado ensalada, servirla como guarnición.

CALORÍAS	GRASAS	GR. SAT.	PROTEÍNAS	CARBOH.	AZÚCAR	SAL	FIBRA
484 kcal	14,3 g	2,9 g	19,3 g	60,3 g	15,7 g	1,8 g	5,4 g

Patatas asadas con judías sabor barbacoa

Cocción: 47 minutos

2 cubetas

2 patatas para asar (de 250 g cada una)

400 g de alubias blancas, tipo cannellini, en conserva

2 cucharadas de kétchup

1 cucharada de pimentón ahumado

½ cucharada de miel líquida

1 limón

½ manojo de cebollino (10 g)

50 g de queso para derretir, como cheddar o red leicester

320 g de verduras y frutas crujientes, como col blanca, zanahoria, hinojo, manzana, pera

1. Lavar las patatas, pincharlas varias veces con un cuchillo afilado y frotar cada una con ½ cucharadita de aceite de oliva y una pizca de sal marina. Ponerlas en la cubeta grande de la air fryer y cocinar durante 40 minutos a 180 °C o hasta que estén tiernas, dándoles la vuelta a media cocción.
2. Retirar la rejilla de la cubeta pequeña y verter las alubias (incluido el líquido de la conserva), el kétchup, el pimentón y la miel. Cocinar durante 40 minutos a 180 °C, removiendo a media cocción.
3. Con unas pinzas, pasar las patatas a la tabla de cortar, partirlas por la mitad y sacar a cucharadas los centros, dejando ½ cm de patata por los bordes.
4. Aplastar los centros de las patatas e incorporarlos a las alubias con el zumo de ½ limón. Picar fino el cebollino y añadir la mitad a las alubias, reservando el resto. Sazonar al gusto. Con una cuchara, rellenar las pieles de patata con esta mezcla, rallar por encima el queso, poner las patatas rellenas en la cubeta grande y cocinarlas 7 minutos a 180 °C, o hasta que estén crujientes y bien calientes.
5. Mientras, preparar una ensalada de col rápida. Limpiar las verduras y frutas escogidas y rallarlas. Aliñar con el zumo del otro ½ limón y ½ cucharada de aceite de oliva virgen extra, incorporar el cebollino reservado y sazonar al gusto. Servir la ensalada para acompañar las patatas rellenas.

CALORÍAS	GRASAS	GR. SAT.	PROTEÍNAS	CARBOH.	AZÚCAR	SAL	FIBRA
592 kcal	18 g	6,6 g	22,4 g	73,5 g	16,2 g	1,3 g	15,2 g

Albóndigas de pollo al sésamo

 **Para 2 personas**  **Preparación: 15 minutos**  **Cocción: 10 minutos** 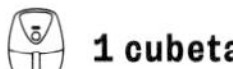 **1 cubeta**

1 guindilla roja fresca

½ manojo de cilantro (15 g)

2 dientes de ajo

un trozo de jengibre de 2 cm

2 pechugas de pollo sin piel (de 150 g cada una)

1 cucharada colmada de crema de cacahuete

1 cucharada de salsa de soja baja en sal

3 cucharadas de semillas de sésamo tostadas

2 nidos de fideos de arroz finos (90 g en total)

1 zanahoria pequeña

¼ de pepino

2 limas

2 cebolletas

2 cucharadas de salsa de guindilla dulce

1 Picar gruesa la guindilla (retirar las semillas si se desea) y ponerla en un robot de cocina junto con los tallos de cilantro, reservando las hojas. Pelar el ajo y el jengibre y añadirlos, triturar hasta que esté bien picado y, a continuación, agregar las pechugas de pollo, la crema de cacahuete y la soja, y triturar hasta que se integren pero aún conserven cierta textura.

2 Poner las semillas de sésamo en un plato. Con las manos húmedas, dividir la mezcla en 10 porciones iguales, formar albóndigas y pasarlas por el sésamo, dándoles toques para que las semillas se adhieran. Poner las albóndigas en la cubeta de la air fryer y cocinarlas 10 minutos a 200 °C, o hasta que estén doradas y bien cocidas, sacudiendo la cubeta a media cocción.

3 En un bol, cubrir los fideos con agua hirviendo, dejar que se rehidraten y escurrirlos. Pelar la zanahoria y cortarla en palitos junto con el pepino, mezclarlos con los fideos escurridos y el zumo de ½ lima, y repartirlo entre los platos. Limpiar las cebolletas y cortarlas en rodajas finas.

4 Echar el zumo de 1 lima por encima de las albóndigas, rociarlas con la salsa de guindilla, añadir una pizca de sal marina y pimienta negra, mezclar bien y servirlas con una cuchara en los platos. Esparcir por encima la cebolleta y las hojas de cilantro, rociar con un poco más de salsa de guindilla, si se desea, y servir con unas cuñas de lima.

CALORÍAS	GRASAS	GR. SAT.	PROTEÍNAS	CARBOH.	AZÚCAR	SAL	FIBRA
547 kcal	15,9 g	3,4 g	45,6 g	55,4 g	14,1 g	1,6 g	3,9 g

Costillas de cerdo teriyaki

 **Para 2 personas**  **Preparación: 6 minutos** **Cocción: 55 minutos** 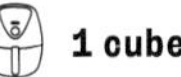 **1 cubeta**

40 g de azúcar extrafino

40 ml de salsa de soja baja en sal

1 cucharada de vinagre de arroz

un trozo de jengibre de 2 cm

1 diente de ajo

1 cucharada de harina de maíz

1 costillar de lomo de cerdo (600g)

2 cebolletas

1 Retirar la rejilla de la cubeta de la air fryer e introducir el azúcar, la soja y el vinagre junto con 300 ml de agua. Pelar y rallar fino el jengibre y el ajo, y añadirlos a la cubeta junto con la harina de maíz. Remover para mezclarlo bien y volver a poner la rejilla.

2 Untar el costillar con un poco de aceite de oliva y una pizca de sal marina, y ponerlo sobre la rejilla (partirlo por la mitad si fuera necesario para que quepa). Cocinarlo 50 minutos a 160 °C o hasta que la carne esté tierna y empiece a dorarse.

3 Con unas pinzas, retirar con cuidado la rejilla, dejando caer las costillas en la salsa, y darles unas vueltas para que se impregnen bien. Cocinar otros 5 minutos a 200 °C o hasta que la salsa sobre las costillas espese y se oscurezca y el resto de la salsa se espese también.

4 Cortar las costillas para separarlas. A continuación, limpiar las cebolletas, cortarlas en rodajas finas y esparcirlas por encima. Verter la salsa que quede en la cubeta en un bol, para mojar. Queda muy bueno acompañado de arroz glutinoso y verduras de temporada.

CALORÍAS	GRASAS	GR. SAT.	PROTEÍNAS	CARBOH.	AZÚCAR	SAL	FIBRA
394 kcal	19,4 g	7,6 g	28,4 g	28 g	23,6 g	2,6 g	0,3 g

Hamburguesas de pollo al gochujang

 **Para 2 personas** **Preparación: 15 minutos**  **Cocción: 16 minutos**  **1 cubeta**

2 contramuslos de pollo grandes deshuesados y sin piel

2 cucharadas de harina

1 huevo

2 cucharadas de salsa gochujang

75 g de pan blanco duro

2 panes de hamburguesa

320 g de verduras crujientes variadas, como col lombarda, zanahoria, cebolla, rábano

1 guindilla verde fresca

1 cucharada de semillas de sésamo tostadas

2 cucharadas de yogur griego

1 De uno en uno, poner los contramuslos entre dos hojas de papel de horno y golpearlos hasta obtener un grosor de 1 cm. Espolvorearlos bien con la harina por ambas caras.

2 Batir el huevo con 1 cucharada de salsa gochujang en un bol poco profundo y sazonar con sal marina y pimienta negra. En un robot de cocina, triturar el pan con 1 cucharada de aceite de oliva hasta obtener un pan rallado fino y extenderlo en un plato.

3 Precalentar la air fryer durante 2 minutos a 200 °C. Pasar los contramuslos enharinados por la mezcla de huevo, dejando que escurra el sobrante, y rebozarlos con el pan rallado, dándoles unos toques para que se pegue bien.

4 Colocar los filetes en la cubeta de la air fryer y cocinarlos durante 16 minutos, o hasta que estén dorados y bien cocidos, dándoles la vuelta a media cocción. Cuando solo falten 2 minutos, introducir también los panecillos con el lado cortado hacia arriba.

5 Limpiar las verduras y picarlas finas o rallarlas para preparar una ensalada de col rápida (yo uso un pelador para crear una textura superfina y crujiente). Cortar la guindilla en rodajas finas y añadirla a la ensalada junto con las semillas de sésamo, 2 cucharadas de vinagre de vino tinto y 1 cucharada de aceite de oliva virgen extra, mezclar bien y sazonar al gusto.

6 Mezclar el resto de la salsa gochujang con el yogur y repartirlo entre los panes. Partir los filetes de pollo por la mitad y apilarlos sobre el pan junto con la ensalada, tapar con el otro pan, apretar un poco la hamburguesa ¡y a disfrutar! Si ha sobrado ensalada de col, servirla como guarnición.

CALORÍAS	GRASAS	GR. SAT.	PROTEÍNAS	CARBOH.	AZÚCAR	SAL	FIBRA
665 kcal	22 g	5 g	33,6 g	83,7 g	20,3 g	2,6 g	8,5 g

Bocados de pato con salsa hoisin

 **Para 2 personas**  **Preparación: 10 minutos** **Cocción: 10 minutos, más reposo** 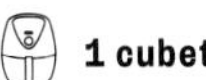 **1 cubeta**

2 pechugas de pato (de 150 g cada una) con la piel

2 ciruelas

1 nido de fideos de arroz finos (45 g)

1 cogollo de lechuga

320 g de verduras crujientes variadas, como zanahoria, rábano, pepino, calabacín, tirabeques

½ guindilla roja fresca

1 lima

2 cucharadas de salsa hoisin

2 cucharadas de aceite de guindilla con sésamo y trozos de cacahuete

1 Secar las pechugas dándoles toques con papel de cocina; luego, marcar la piel con unos cortes en diagonal y en ambos sentidos a intervalos de 1 cm. Untarlas con 1 cucharada de aceite de oliva, una pizquita de sal marina y abundante pimienta negra. Partir las ciruelas por la mitad y retirar el hueso.

2 Con unos ramequines refractarios o dos cortapastas metálicos, elevar la rejilla de la air fryer (para que la piel del pato quede más crujiente). Colocar una hoja de papel de horno sobre la rejilla y poner el pato encima, con la piel hacia arriba, y las ciruelas alrededor, con el corte hacia abajo. Cocinarlo 10 minutos a 200 °C, o hasta que el pato esté crujiente por fuera pero todavía rosa en el centro. Retirarlo de la air fryer y dejarlo reposar 5 minutos. Mientras, pellizcar la piel de las ciruelas para quitarla.

3 En un bol, cubrir los fideos con agua hirviendo, dejar que se rehidraten y escurrirlos. Partir las hojas de lechuga para separarlas. Limpiar las verduras crujientes y rallarlas gruesas, rallar fina la guindilla y la piel de la lima, y mezclarlo todo con el zumo de la lima y una pizca de sal. Verter la salsa hoisin y el aceite de guindilla en pequeños boles para mojar.

4 Cortar las pechugas de pato en lonchas finas y servirlo todo en una tabla de cortar grande. Solo queda llenar las hojas de lechuga con los ingredientes que se deseen para crear deliciosos bocados.

CALORÍAS	GRASAS	GR. SAT.	PROTEÍNAS	CARBOH.	AZÚCAR	SAL	FIBRA
603 kcal	26,9 g	5,4 g	47,3 g	43 g	18,7 g	1,6 g	6,4 g

Pastel de pescado con pimiento ahumado

 **Para 2 personas** **Preparación: 13 minutos**  **Cocción: 15 minutos**  **2 cubetas**

½ lámina (de 320 g) de hojaldre preparado

1 huevo

2 cucharadas de cuscús

2 filetes largos de pescado blanco congelado

350 g de espárragos

220 g de espinacas tiernas

1 diente de ajo

1 pimiento rojo grande asado en conserva (70 g)

1 cucharadita de pimentón ahumado

50 g de almendras fileteadas, y un poco más para espolvorear

½ limón

1 Precalentar la cubeta grande de la air fryer durante 2 minutos a 200 °C. Desenrollar la lámina de hojaldre, dejándola sobre el papel. Batir el huevo y pintar el hojaldre por toda la superficie. A continuación, esparcir por encima el cuscús, dejando 2 cm sin relleno hasta el borde. Disponer los filetes de pescado encima a 1 cm de distancia entre sí. Luego, doblar hacia dentro el hojaldre sin relleno para formar una corteza. Pintar la corteza con huevo y, con ayuda del papel, levantar con cuidado el pastel, introducirlo en la cubeta grande y cocinarlo durante 10 minutos.

2 Romper y desechar los extremos leñosos de los espárragos, untar las puntas con ½ cucharada de aceite de oliva, sazonar, poner en la cubeta pequeña y cocinar 8 minutos a 180 °C. Cuando solo falten un par de minutos, añadir las espinacas.

3 Verter el resto del huevo batido en el vaso de una batidora de mano, pelar el ajo y añadirlo, junto con el pimiento rojo, el pimentón, las almendras, ½ cucharada de aceite y una pizca de sal marina y pimienta negra. Triturar hasta que quede homogéneo.

4 Abrir la cubeta grande y verter esta salsa por encima y alrededor del pescado, pero sin que se salga de la corteza de hojaldre. Esparcir por encima algunas almendras fileteadas y cerrar con cuidado la cubeta. Cocinar 5 últimos minutos a 200 °C o hasta que la salsa cuaje. Servir acompañado de las verduras y unas cuñas de limón.

CALORÍAS	GRASAS	GR. SAT.	PROTEÍNAS	CARBOH.	AZÚCAR	SAL	FIBRA
790 kcal	43,8 g	12,6 g	50,9 g	66,8 g	6,9 g	1,6 g	9,8 g

Pollo asado para uno

 **Para 1 persona** | **Preparación: 10 minutos** |  **Cocción: 42 minutos** |  **2 cubetas**

- 200 g de patatas tipo Maris Piper
- 200 g de colinabo
- 2 dientes de ajo
- 2 ramitas de tomillo
- 1 limón
- 1 muslo y contramuslo de pollo (200 g aprox.)
- 30 g de harina
- 1 huevo mediano
- 30 ml de leche semidesnatada
- 100 g de espinacas tiernas

1 Frotar las patatas para limpiarlas, pelar el colinabo y cortar ambos en rodajas de ½ cm de grosor. Colocarlos en la cubeta grande de la air fryer junto con los dientes de ajo enteros y sin pelar. Añadir el tomillo y la piel del limón rallada fina, y mezclarlo todo con 2 cucharadas de aceite de oliva y una pizca de sal marina y pimienta negra. Sacudir la cubeta para que quede una capa uniforme, asegurándose de que los ajos quedan por debajo de las verduras.

2 Sazonar el pollo y colocarlo encima de las verduras, con la piel hacia abajo. Cocinarlo todo 40 minutos a 190 °C o hasta que esté dorado y bien cocido. A media cocción, darle la vuelta al pollo y remover las verduras.

3 Para elaborar el pudin de Yorkshire, batir la harina, el huevo, la leche, 2 cucharaditas de agua y una pizca de sal hasta que la masa quede fina. Cuando falten 20 minutos para que se cumpla el tiempo, retirar la rejilla de la cubeta pequeña, echar 1 cucharada de aceite y calentarlo 5 minutos a 200 °C. Extraer la cubeta con cuidado, verter la masa y cocerla durante 15 minutos o hasta que haya subido y esté dorada.

4 Pasar el pollo, las patatas, el colinabo y el ajo a un plato. Retirar con cuidado la rejilla de la cubeta grande. Apretar los ajos asados para extraer la pulpa y echarla a la cubeta junto con las espinacas y el zumo del limón, y sazonar. Remover las hojas de espinaca para que se impregnen de los jugos de cocción que quedaban en la cubeta y cocinarlas 2 minutos a 200 °C o hasta que se ablanden.

5 Rectificar la sazón de las espinacas y disponerlas al lado del pollo y las verduras junto con el pudin. Queda muy rico servido con una salsa para carne y la mostaza que se prefiera.

CALORÍAS	GRASAS	GR. SAT.	PROTEÍNAS	CARBOH.	AZÚCAR	SAL	FIBRA
918 kcal	52,5 g	10,7 g	44,7 g	72,3 g	13,2 g	2,2 g	9 g

Hamburguesa de falafel

 **Para 2 personas**  **Preparación: 14 minutos**  **Cocción: 15 minutos**  **1 cubeta**

400 g de garbanzos en conserva

2 zanahorias

2 cebolletas

½ manojo de perejil (15 g)

2 cucharadas colmadas de harina de garbanzos

2½ cucharaditas de mezcla de especias baharat

2 cucharadas de semillas de sésamo tostadas

2 panecillos

1 diente de ajo pequeño

2 cucharadas colmadas de yogur natural

1 Escurrir los garbanzos y echarlos en el vaso de un robot de cocina. Lavar 1 zanahoria, cortarla y añadirla, limpiar las cebolletas y echarlas también, junto con los tallos del perejil, reservando las hojas. Agregar la harina de garbanzos, 2 cucharaditas de mezcla de especias baharat y una buena pizca de sal marina y pimienta negra, y triturar hasta que quede homogéneo.

2 Dividir la mezcla en dos porciones y darles la forma de hamburguesas de 2 cm de grosor. Poner las semillas de sésamo en un plato y rebozar con ellas las hamburguesas, dándoles toques para que las semillas se peguen bien. Cocinarlas en la cubeta de la air fryer durante 15 minutos a 180 °C o hasta que estén crujientes. En el último minuto, introducir también los panecillos con el lado cortado hacia arriba.

3 Lavar la otra zanahoria y, con un pelador, cortarla en cintas. Mezclarla con las hojas del perejil y ½ cucharada de cada de vinagre de vino tinto y aceite de oliva virgen extra, y sazonar al gusto.

4 Rallar fino el ajo en un bol pequeño, agregar el yogur y la ½ cucharadita de mezcla de especias restante y sazonar al gusto. Untar esta mezcla en los panes. Colocar las hamburguesas de falafel sobre las bases, disponer la ensalada de zanahoria y perejil encima, tapar con el segundo pan ¡y a comer!

Y si prefieres vegano...

Solo tienes que intercambiar los panecillos y el yogur por una versión vegana.

CALORÍAS	GRASAS	GR. SAT.	PROTEÍNAS	CARBOH.	AZÚCAR	SAL	FIBRA
590 kcal	16,8 g	3,7 g	17,6 g	84,4 g	10,7 g	1,7 g	10,9 g

Pescado asado con jamón y judías al ajillo

 **Para 2 personas**  **Preparación: 7 minutos**  **Cocción: 17 minutos** **2 cubetas**

2 dientes de ajo

4 ramitas de romero

20 g de almendras escaldadas

40 g de tomates secos en conserva de aceite

20 g de parmesano

2 filetes de pescado blanco (de 130 g cada uno), sin piel ni espinas

4 lonchas de jamón serrano o prosciutto

½ limón

400 g de alubias blancas en conserva

160 g de espinacas tiernas

1 Pelar el ajo y cortarlo en rodajas finas, deshojar 2 ramitas de romero y picar las hojas finas, retirar la rejilla de la cubeta pequeña de la air fryer y esparcirlo todo por la base. Rociarlo con 1 cucharada de aceite de oliva y cocinarlo 5 minutos a 200 °C o hasta que el ajo empiece a dorarse.

2 Mientras, majar las almendras y los tomates secos en un mortero con ½ cucharada de aceite del tarro de tomates y unas virutas de parmesano hasta obtener una pasta densa, y extenderla sobre el pescado. Colocar 2 lonchas de jamón sobre cada filete de pescado e introducir entre ambas una ramita de romero. Rociar el pescado con ½ cucharada de aceite del tarro de tomates e introducirlo en la cubeta grande; cortar el medio limón en cuñas y ponerlas a un lado. Cocinar el pescado durante 10 minutos a 200 °C o hasta que esté cocido.

3 Incorporar las alubias y la mitad del líquido de la conserva en la cubeta pequeña con 1 cucharada de vinagre de vino tinto y cocinar durante 10 minutos a 200 °C o hasta que esté muy caliente. Sazonar al gusto y repartir entre los platos.

4 Disponer el pescado encima de las alubias. Poner las espinacas en la cubeta grande, sazonar y cocinar 2 minutos a 200 °C o hasta que empiecen a ablandarse. Aliñarlas con un poco de aceite de oliva virgen extra y emplatar junto con el pescado. Rallar por encima el parmesano restante y servir acompañado de las cuñas de limón asadas.

CALORÍAS	GRASAS	GR. SAT.	PROTEÍNAS	CARBOH.	AZÚCAR	SAL	FIBRA
547 kcal	29,3 g	5,9 g	49,1 g	22,6 g	2,8 g	1,8 g	9,9 g

Piruletas de pollo sabor barbacoa

 **Para 2 personas**  **Preparación: 13 minutos**  **Cocción: 33 minutos**  **2 cubetas**

6 muslos de pollo

1 cucharadita de polvo de cinco especias

2 cucharadas colmadas de pan rallado panko

2 cucharadas colmadas de semillas de sésamo

1 pepino

4 cebolletas

2 naranjas

1 cucharada de aceite de guindilla con sésamo y trozos de cacahuete

2 cucharadas de salsa barbacoa o salsa hoisin

1 Los muslos de pollo se pueden cocinar tal cual o seguir mi consejo para prepararlos como si fueran piruletas. ¡Solo lleva unos minutos, pero quedan muy divertidos! Con un cuchillo pequeño afilado, cortar la carne alrededor del extremo del hueso del muslo y, sujetándolo por ese extremo, raspar la carne sobre el hueso hacia el otro extremo. Luego, con la mano, empujarla hacia abajo hasta que casi se doble sobre sí misma. Repetir con los demás muslitos.

2 Mezclar el pollo con las cinco especias, una pizca de sal marina y pimienta negra, y 1 cucharada de aceite de oliva. Disponerlo de manera uniforme en la cubeta grande de la air fryer y cocinarlo 30 minutos a 190 °C o hasta que esté bien cocido.

3 Cuando falten 15 minutos, retirar la rejilla de la cubeta pequeña. Echar dentro el pan rallado y las semillas de sésamo y cocinarlo 15 minutos a 190 °C o hasta que empiece a dorarse, sacudiendo dos veces la cubeta en este tiempo. Cuando esté listo, verterlo en una fuente.

4 Cortar el pepino en cuartos a lo largo, desechando las semillas del centro, y trocear los cuartos. Limpiar las cebolletas y cortarlas en rodajas finas, pelar 1½ naranjas, cortarlas en rodajas y ponerlo todo en un bol. Añadir el aceite de guindilla, exprimir por encima el zumo de la ½ naranja restante para elaborar un aliño, mezclar bien y sazonar al gusto.

5 Sacar de la cubeta las piruletas de pollo e impregnarlas con salsa barbacoa. Devolverlas a la cubeta grande y cocinarlas 3 minutos más a 150 °C. Pasar las piruletas de pollo por el pan rallado con sésamo y servir con la ensalada.

CALORÍAS	GRASAS	GR. SAT.	PROTEÍNAS	CARBOH.	AZÚCAR	SAL	FIBRA
572 kcal	29 g	5,7 g	45,4 g	36,2 g	13,8 g	1,4 g	2,1 g

Macarrones con queso y coliflor

 **Para 4 personas** | **Preparación: 10 minutos** |  **Cocción: 35 minutos** | 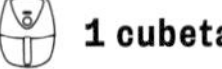 **1 cubeta**

- 400 g de coliflor congelada
- 400 ml de leche semidesnatada
- 1 cucharada de mostaza inglesa
- 300 g de macarrones
- 100 g de queso red leicester o cheddar
- 100 g de pan de ajo

1 Retirar la rejilla de la cubeta de la air fryer e introducir la coliflor congelada, la leche y la mostaza. Darle unas vueltas y cocinarlo 25 minutos a 200 °C o hasta que la coliflor esté tierna. Se formará una telilla en la salsa, pero no pasa nada; sabrá deliciosa igualmente y, de todas formas, la trituraremos después.

2 Mientras, cocer la pasta en una cazuela de agua hirviendo con sal durante 2 minutos menos de lo que indiquen las instrucciones del envase —en esta fase tiene que quedar un poco al dente— y escurrirla, reservando una taza del agua de cocción.

3 Rallar grueso casi todo el queso por encima de la coliflor, desmigar una cuarta parte del pan de ajo y, con una batidora de mano, triturar todo el contenido de la cubeta hasta obtener una textura uniforme y sedosa. Incorporar la pasta, sazonar al gusto y diluir la consistencia con chorritos del agua reservada hasta que quede cremosa.

4 Picar fino el resto del pan de ajo y esparcirlo sobre la pasta. Rallar por encima el resto del queso y cocer 10 minutos más a 200 °C o hasta que se dore y burbujee. Está riquísimo acompañado de rúcula aliñada con limón.

CALORÍAS	GRASAS	GR. SAT.	PROTEÍNAS	CARBOH.	AZÚCAR	SAL	FIBRA
444 kcal	18 g	9,1 g	23 g	77,2 g	10 g	1,6 g	2,4 g

Pollo aromático en papillote

 **Para 1 persona + 3 porciones de pasta para congelar**

 **Preparación: 12 minutos**

 **Cocción: 25 minutos**

1 cubeta

1 nido de fideos de arroz finos (45 g)

12 hojas de lima kafir

un trozo de jengibre de 8 cm

2 dientes de ajo

1 tallo de hierba de limón

1½ guindilla roja fresca

1 manojo de cilantro (30 g)

4 cucharadas de salsa de soja baja en sal

aceite de sésamo

1 pechuga de pollo sin piel (de 150 g)

1 pak choi

80 g de tirabeques

80 g de mazorcas de maíz mini

2 cebolletas

1 cucharada de cacahuetes tostados sin sal

½ lima

1 En un bol, cubrir los fideos con agua hirviendo, dejarlos unos instantes para que se ablanden, escurrirlos y enfriarlos bajo un chorro de agua fría.

2 Trocear las hojas de lima kafir en un robot de cocina, desechando los tallos duros. Pelar el jengibre y el ajo, picarlos gruesos y añadirlos. Picar la hierba de limón y 1 guindilla, casi todo el cilantro (tallos incluidos, reservando algunas hojas bonitas) y echarlo también en el robot de cocina junto con una pizca de sal marina. Añadir la soja y 1 cucharadita de aceite de sésamo y triturarlo todo hasta obtener una pasta. Dividir la pasta en cuatro porciones, quedarse con una y congelar el resto para otros días.

3 Hacer varios cortes profundos en diagonal en la pechuga de pollo y frotarla con la mitad de la porción de pasta. Partir por la mitad el pak choi, los tirabeques y las mazorcas de maíz, limpiar y cortar en rodajas finas las cebolletas, y mezclarlo todo con la otra mitad de la porción de pasta.

4 Cortar una hoja grande de papel de aluminio resistente (de unos 60 cm de largo), doblarla por la mitad, abrirla de nuevo como un libro y frotar un lado con aceite de sésamo. Poner encima los fideos y las verduras. Cortar en rodajas finas la ½ guindilla restante, echarla sobre las verduras y colocar también el pollo. Doblar el papel de aluminio por encima para formar un paquete y retorcer los extremos para sellarlos; antes de sellar el último lado, añadir 50 ml de agua. Poner el paquete en la cubeta de la air fryer y cocinarlo 25 minutos a 200 °C o hasta que el pollo esté bien cocido.

5 Pasar el paquete a una fuente y romper con cuidado el papel de aluminio. Trocear los cacahuetes por encima, esparcir las hojas de cilantro reservadas y rematar con un chorrito de zumo de lima.

CALORÍAS	GRASAS	GR. SAT.	PROTEÍNAS	CARBOH.	AZÚCAR	SAL	FIBRA
655 kcal	20 g	3,6 g	52,9 g	64,4 g	9,5 g	1,8 g	4,1 g

Un homenaje a las humildes verduras: cómo sacarles el máximo partido con la air fryer

Verduras al poder

Hojaldre de tomate y mozzarella

Para 2 personas | **Preparación: 15 minutos** |  **Cocción: 30 minutos** |  **1 cubeta**

500 g de tomates maduros

½ lámina (de 320 g) de hojaldre preparado

6 aceitunas negras con hueso

½ guindilla roja fresca

65 g de mozzarella

2 ramitas de albahaca

1 Partir los tomates por la mitad y rascar las semillas con los dedos. Retirar la rejilla de la cubeta de la air fryer y poner los medios tomates, 1 cucharada de aceite de oliva y una pizca de sal marina y pimienta negra. Remover bien, disponer los tomates con el corte hacia abajo y cocinarlos 15 minutos a 200 °C o hasta que estén tiernos y dorados.

2 Extender con cuidado la lámina de hojaldre al tamaño de la cubeta. Colocar la lámina encima de los tomates, doblando y metiendo los bordes hacia dentro con cuidado. Cocinarlo 15 minutos a 200 °C o hasta que el hojaldre haya subido y esté bien dorado.

3 Mientras, aplastar, deshuesar y trocear las aceitunas, y cortar la guindilla en láminas finas. Aliñar con 1 cucharada de vinagre de vino tinto y ½ cucharada de aceite de oliva virgen extra, y sazonar al gusto.

4 Darle la vuelta al hojaldre con cuidado pero con confianza de la cubeta a una tabla de cortar, romper por encima la mozzarella y las hojas de albahaca, repartir con una cuchara la mezcla de aceitunas y servir. Ideal con una ensalada de rúcula sencilla para acompañar.

CALORÍAS	GRASAS	GR. SAT.	PROTEÍNAS	CARBOH.	AZÚCAR	SAL	FIBRA
302 kcal	21 g	9,9 g	8,5 g	19,9 g	4,2 g	1,3 g	1,6 g

Crema de brócoli con palitos de queso

Para 2 personas | **Preparación: 8 minutos** | **Cocción: 20 minutos** | **2 cubetas**

400 g de brócoli congelado

4 cebolletas

20 g de semillas variadas, como girasol, calabaza, lino, amapola

1 rebanada grande de pan (100 g)

80 g de queso cheddar

1 cubito de caldo concentrado de verduras

1 manojo de perejil (30 g)

1 Retirar la rejilla de la cubeta grande de la air fryer, echar el brócoli, limpiar las cebolletas, picarlas gruesas y añadirlas, rociar con 1 cucharada de aceite de oliva, sazonar con sal marina y pimienta negra, y mezclar bien. Cocinarlo 15 minutos a 200 °C o hasta que el brócoli esté tierno, sacudiendo la cubeta de vez en cuando.

2 Presionar las semillas contra la superficie del pan para que se adhieran, regar con 1 cucharadita de aceite y rallar por encima una capa de queso. Cocinar la rebanada en la cubeta pequeña durante 7 minutos a 180 °C o hasta que se dore y quede crujiente, y cortarla en palitos.

3 Cuando el brócoli esté tierno, extraer la cubeta de la air fryer, rallar por encima el resto del queso, desmigar el cubito de caldo, trocear casi todo el manojo de perejil, tallos incluidos, y verter 400 ml de agua hirviendo.

4 Con cuidado, triturarlo con una batidora de mano hasta que quede uniforme, añadiendo un chorrito más de agua si fuera necesario. Sazonar al gusto, volver a poner la cubeta en la air fryer y cocinarlo 5 minutos a 180 °C o hasta que esté muy caliente.

5 Repartir en tazas o boles, y echar por encima el resto del perejil y un chorrito de aceite de oliva virgen extra, si se desea. Servir la crema con los palitos de pan.

CALORÍAS	GRASAS	GR. SAT.	PROTEÍNAS	CARBOH.	AZÚCAR	SAL	FIBRA
487 kcal	27,9 g	10,9 g	25,9 g	33,4 g	6,4 g	1,8 g	9,1 g

Pasta con berenjenas a la siciliana

 Para 2 personas  Preparación: 7 minutos  Cocción: 30 minutos 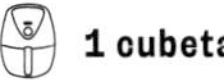 1 cubeta

2 berenjenas (de 250 g cada una)

2 dientes de ajo

8 aceitunas verdes con hueso

½ manojo de albahaca (15 g)

1 cucharada de alcaparras pequeñas en salmuera

2 cucharadas de piñones

1 lata (de 400 g) de tomates pera

150 g de pasta

20 g de parmesano

1 Retirar la rejilla de la cubeta de la air fryer. Cortar la berenjena en trozos de 3 cm, ponerla en la cubeta, añadir una pizca de sal marina y pimienta negra, mezclar y cocinar 15 minutos a 200 °C o hasta que empiece a ablandarse, sacudiendo la cubeta a media cocción.

2 Pelar el ajo y cortarlo en rodajas. Aplastar, deshuesar y trocear las aceitunas. Picar finos los tallos de la albahaca y reservar las hojas. Cumplido el tiempo de la berenjena, añadirlo todo a la cubeta junto con las alcaparras, los piñones y 1 cucharada de aceite de oliva. Mezclar bien y cocinarlo 5 minutos a 200 °C.

3 Incorporar los tomates, estrujándolos sobre la cubeta con las manos limpias. Luego, llenar hasta la mitad la lata de tomate, mover el agua para recoger los restos y verterla en la cubeta. Cocinar 10 minutos más a 200 °C o hasta que se reduzca y adquiera consistencia de salsa. Añadir casi todas las hojas de albahaca troceadas, reservando algunas de las más pequeñas para decorar, echar un chorrito de vinagre de vino tinto y sazonar al gusto.

4 Mientras, cocer la pasta en una cazuela de agua hirviendo con sal según las instrucciones indicadas en el envase y escurrirla, reservando una taza del agua de cocción.

5 Verter la pasta escurrida en la cubeta y mezclar bien, diluyendo la consistencia con un poco del agua de cocción si fuera necesario. Repartir entre los platos, rallar fino el parmesano por encima, decorar con las hojas de albahaca reservadas y servir.

CALORÍAS	GRASAS	GR. SAT.	PROTEÍNAS	CARBOH.	AZÚCAR	SAL	FIBRA
493 kcal	13,2 g	3,5 g	17,9 g	82,7 g	17,3 g	1,4 g	12,6 g

Tortillas de boniato y alubias negras

 **Para 2 personas**  **Preparación: 12 minutos**  **Cocción: 30 minutos** 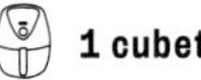 **1 cubeta**

2 cebolletas

400 g de alubias negras en conserva

2 cucharaditas de especias cajún

2 boniatos (de 250 g cada uno)

4 tortillas de harina

160 g de sandía

½ manojo de cilantro (15 g)

½ guindilla roja fresca

1 lima

30 g de queso feta

1 Limpiar las cebolletas y cortarlas en rodajas finas. Retirar la rejilla de la cubeta de la air fryer y esparcirlas por la base. Agregar las alubias y la mitad del líquido de la conserva, junto con 1 cucharadita de especias cajún, y volver a colocar la rejilla.

2 Frotar los boniatos para limpiarlos, cortarlos en trozos de 3 cm y echarlos en la cubeta. Rociar con 1 cucharada de cada de vinagre de vino tinto y aceite de oliva, añadir 1 cucharadita de especias cajún y una pizca de sal marina y pimienta negra, y mezclar bien. Cocinar durante 30 minutos a 180 °C o hasta que el boniato esté tierno y dorado, sacudiendo la cubeta a media cocción. Cuando solo falten 2 minutos, añadir las tortillas para calentarlas.

3 Mientras, pelar la sandía y cortarla en daditos, picar finos los tallos del cilantro (reservando las hojas), retirar las semillas de la guindilla y picarla fina, exprimir por encima media lima, añadir ½ cucharada de aceite de oliva virgen extra, mezclarlo todo con cuidado y sazonar al gusto.

4 Sacar las tortillas y los trozos de boniato de la cubeta y retirar la rejilla con cuidado. Picar gruesas las hojas de cilantro y añadir casi todas a las alubias, reservando algunas para decorar. Chafar algunas alubias para obtener una consistencia más espesa, sazonar al gusto y repartirlas entre las tortillas.

5 Coronar con los trozos de boniato y la salsa de sandía, desmigar el feta por encima y esparcir las hojas reservadas de cilantro. Servir con unas cuñas de lima.

CALORÍAS	GRASAS	GR. SAT.	PROTEÍNAS	CARBOH.	AZÚCAR	SAL	FIBRA
614 kcal	10,9 g	3,3 g	21,6 g	102,5 g	21,4 g	1,8 g	20,3 g

Bimi con limón y guindilla

 Para 2 personas  Preparación: 5 minutos  Cocción: 7 minutos  1 cubeta

Retirar la rejilla de la cubeta de la air fryer. Limpiar **200 g de brócoli bimi**, partiendo por la mitad a lo largo los tallos más gruesos, ponerlo en la cubeta y mezclar con 1 cucharadita de aceite de oliva. Cocinar 7 minutos a 180 °C o hasta que esté tierno y empiece a dorarse. Mientras, pelar **½ diente de ajo** y rallarlo fino sobre un bol grande, agregar 1 cucharada de aceite de oliva virgen extra, rallar sobre el bol la piel de **1 limón** y exprimir la mitad del zumo. Echar en el bol el brócoli cocido, mezclar bien, sazonar al gusto y rematar con una pizca de **copos de guindilla roja seca**. Delicioso servido con pescado al vapor o mozzarella.

CALORÍAS	GRASAS	GR. SAT.	PROTEÍNAS	CARBOH.	AZÚCAR	SAL	FIBRA
103 kcal	8,1 g	1,2 g	4,5 g	3,5 g	2,1 g	0,1 g	4,4 g

Col cremosa con mostaza

 Para 2 personas · Preparación: 3 minutos ·  Cocción: 12 minutos ·  1 cubeta

Retirar la rejilla de la cubeta de la air fryer. Cortar en tiras finas **1 repollo pequeño (400 g)** e introducirlo en la cubeta. Amasar bien la col con **1 cucharada colmada de cada de mostaza de textura granulada** y aceite de oliva y **2 cucharadas de queso crema**, y cocinarla 12 minutos a 180 °C o hasta que la col esté blanda y bien asada, dándole unas vueltas a media cocción. Sazonar al gusto y servir. Combina muy bien con pollo asado o una chuleta de cerdo.

CALORÍAS	GRASAS	GR. SAT.	PROTEÍNAS	CARBOH.	AZÚCAR	SAL	FIBRA
195 kcal	14,2 g	5,4 g	7,1 g	9,8 g	9,8 g	0,6 g	8,2 g

Arroz con calabaza especiada

 **Para 4 personas**  **Preparación: 10 minutos** **Cocción: 50 minutos** 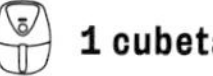 **1 cubeta**

½ calabaza moscada (600 g)

2 cucharadas colmadas de la pasta de curri que se prefiera

2 guindillas rojas frescas

400 g de garbanzos en conserva

250 g de arroz basmati cocido

2 cucharadas de coco rallado

2 huevos

120 g de queso paneer o halloumi

4 cebolletas

250 g de espinacas tiernas

2 ramitas de cilantro

1 Con cuidado, cortar la calabaza en rodajas de ½ cm de grosor (no hace falta pelarla), desechar las semillas si hubiera, ponerla en la cubeta de la air fryer y mezclarla con la mitad de la pasta de curri y 1 cucharada de aceite de oliva. Pinchar las guindillas, añadirlas enteras y cocinar durante 30 minutos a 180 °C, sacudiendo la cubeta a media cocción.

2 Escurrir los garbanzos y echarlos en un bol grande junto con el arroz, el coco y el resto de la pasta de curri. Cascar los huevos en el bol y añadir también el paneer cortado en dados. Limpiar las cebolletas, cortarlas en rodajas finas y echar al bol casi todas, reservando algunas rodajas para decorar.

3 Pasado el tiempo de cocción de la calabaza, echarla en el bol. Cortar las guindillas en rodajas (retirar las semillas, si se desea) y añadirlas también. Chafar algunos trocitos de calabaza y mezclarlo todo bien.

4 Con cuidado, retirar la rejilla de la cubeta y echar en ella la mezcla de arroz. Cocinarlo durante 20 minutos a 180 °C, removiendo a media cocción para mezclar los trozos más tostados. En los últimos 5 minutos, agregar las espinacas.

5 Remover una última vez, sazonar al gusto y emplatar. Echar por encima la cebolleta reservada y las hojas del cilantro ¡y a comer! Queda muy bien con un poco de yogur, chutney de mango y un par de papadums para acompañar.

CALORÍAS	GRASAS	GR. SAT.	PROTEÍNAS	CARBOH.	AZÚCAR	SAL	FIBRA
413 kcal	19,1 g	7,5 g	19,4 g	43 g	10,5 g	1,1 g	6,6 g

Fideos udón con berenjena melosa

 **Para 1 persona**  **Preparación: 7 minutos**  **Cocción: 20 minutos** 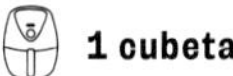 **1 cubeta**

1 berenjena (de 250 g)

1 diente de ajo

1 pak choi

1 cucharada de cacahuetes tostados sin sal

1 cucharada de salsa de guindilla dulce

150 g de fideos udón gruesos listos para wok

4 cebolletas

½ guindilla roja fresca

½ cogollo de lechuga

2 ramitas de menta o de cilantro

1 cucharada de aceite de guindilla con sésamo y trozos de cacahuete

1 cucharada de vinagre balsámico

1 Cortar la berenjena a lo largo en rodajas de 1 cm de grosor generoso y, a continuación, cortarlas en ángulo en tiras de 1 cm de ancho. Retirar la rejilla de la air fryer, esparcir las tiras de berenjena por la cubeta y cocinarlas 15 minutos a 200 °C, sacudiendo la cubeta a media cocción.

2 Pelar el ajo y cortarlo en rodajas finas. Partir el pak choi a lo largo en cuartos. Pasados los 15 minutos, extraer la cubeta, esparcir el ajo y los cacahuetes, echar la cucharada de salsa de guindilla dulce y sacudir para que se impregne todo bien. Agregar el pak choi a un lado y cocinarlo todo 5 minutos a 200 °C, o hasta que la berenjena esté tierna y melosa.

3 En un bol, cubrir los fideos con agua hirviendo para ablandarlos y reservar. Limpiar las cebolletas y picarlas finas junto con la guindilla. Partir las hojas de lechuga para separarlas. Deshojar las hierbas aromáticas.

4 Escurrir los fideos y echarlos en la cubeta junto con casi toda la guindilla y la cebolleta, así como el aceite de guindilla y el vinagre balsámico. Mezclarlo bien, sazonar al gusto y verterlo en una fuente. Disponer las hojas de lechuga a un lado, echar por encima la guindilla y cebolleta reservadas junto con las hierbas aromáticas, y servir.

CALORÍAS	GRASAS	GR. SAT.	PROTEÍNAS	CARBOH.	AZÚCAR	SAL	FIBRA
461 kcal	13,4 g	1,8 g	15,3 g	69,9 g	24,1 g	1,2 g	11,8 g

Coles de Bruselas con salvia y panceta

 **Para 2 personas** **Preparación: 5 minutos**  **Cocción: 10 minutos**  **1 cubeta**

Limpiar **200 g de coles de Bruselas**, partirlas por la mitad, ponerlas en la cubeta de la air fryer y mezclarlas con 2 cucharadas de aceite de oliva, una pizca de sal marina y las hojas de **2 ramitas de salvia**. Disponer **4 lonchas de panceta ahumada** por encima y desmigar **1 puñado de castañas envasadas al vacío**. Cocinarlo durante 10 minutos a 180 °C o hasta que la panceta esté crujiente y las coles tiernas. Rematar con un chorrito de **miel líquida** al gusto. Es ideal como guarnición en un menú festivo.

CALORÍAS	GRASAS	GR. SAT.	PROTEÍNAS	CARBOH.	AZÚCAR	SAL	FIBRA
251 kcal	19,4 g	4,1 g	6,9 g	14,7 g	3,2 g	1,3 g	3,8 g

Judías verdes con harissa

 Para 2 personas  Preparación: 3 minutos  Cocción: 10 minutos  1 cubeta

Limpiar **200 g de judías verdes**, ponerlas en la cubeta de la air fryer y mezclarlas con 1 cucharada de cada de vinagre de vino tinto y aceite de oliva, **1 cucharadita de pasta de harissa**, una pizca de sal marina y pimienta negra, y **20 g de avellanas escaldadas**. Cocinarlas 10 minutos a 180 °C o hasta que las judías estén tiernas y empiecen a dorarse. En una fuente, extender **2 cucharadas de yogur griego**, crear unas ondas con **1 cucharadita de pasta de harissa** y disponer encima las judías verdes con las avellanas, regándolo todo con los jugos de la cubeta. Deliciosas como ensalada o para acompañar un filete a la plancha.

CALORÍAS	GRASAS	GR. SAT.	PROTEÍNAS	CARBOH.	AZÚCAR	SAL	FIBRA
164 kcal	14,7 g	2,4 g	5,8 g	4,8 g	3,6 g	0,6 g	4,7 g

Tarta de cebolla rehogada

 **Para 2 personas**  **Preparación: 9 minutos** **Cocción: 35 minutos**  **1 cubeta**

4 cebollas rojas pequeñas

4 ramitas de tomillo fresco

2 cucharadas rasas de una buena mermelada de naranja

20 g de mantequilla sin sal

½ lámina (de 320 g) de hojaldre preparado

25 g de nueces sin cáscara y sin sal

50 g de queso de cabra

1 Retirar la rejilla de la cubeta de la air fryer. Pelar las cebollas, cortarlas en aros de algo menos de 1 cm de grosor y ponerlas en la cubeta con el tomillo. Diluir la mermelada con 2 cucharadas de agua, verter por encima y remover las cebollas para que se impregnen. Disponerlas en una capa uniforme. Distribuir por encima la mantequilla y cocinar 25 minutos a 200 °C o hasta que estén tiernas y bien rehogadas, sacudiendo la cubeta a media cocción.

2 Extender con cuidado la lámina de hojaldre al tamaño de la cubeta. Colocar la lámina encima de las cebollas, doblando y metiendo los bordes hacia dentro con cuidado. Cocinarlo 10 minutos a 200 °C o hasta que el hojaldre haya subido y esté bien dorado.

3 Darle la vuelta al hojaldre con cuidado pero con confianza de la cubeta a una tabla de cortar, romper por encima las nueces y disponer en trozos el queso de cabra. Está riquísima acompañada de una sencilla ensalada verde con un aliño de mostaza.

CALORÍAS	GRASAS	GR. SAT.	PROTEÍNAS	CARBOH.	AZÚCAR	SAL	FIBRA
690 kcal	41,4 g	20 g	13,1 g	67,9 g	32,5 g	0,6 g	5,7 g

Sopa de tomate con tortillas

 **Para 2 personas**  **Preparación: 7 minutos**  **Cocción: 37 minutos**  **1 cubeta**

2 pimientos rojos

300 g de tomates maduros

1 cebolla

1 cucharadita de canela molida

1 cucharadita colmada de orégano seco

½ manojo de cilantro (15 g)

1 cucharada de rodajas de jalapeños en conserva

1 tortilla de harina

50 g de queso cheddar

½ lima

1 Quitar las semillas de los pimientos y picarlos gruesos. Partir los tomates por la mitad. Pelar la cebolla y cortarla en aros de 1 cm de grosor. Retirar la rejilla de la cubeta de la air fryer, poner dentro las verduras y mezclar con la canela, el orégano, ½ cucharada de aceite de oliva y una pizca de sal marina y pimienta negra. Cocinar 30 minutos a 200 °C o hasta que las verduras estén tiernas, sacudiendo la cubeta a media cocción.

2 Retirar la cubeta y añadir casi todo el cilantro, tallos incluidos, 1 cucharada del líquido de la conserva de jalapeños y 400 ml de agua hirviendo. Con una batidora de mano, triturar la sopa hasta obtener la textura deseada y sazonar al gusto.

3 Echar por encima la tortilla troceada y los jalapeños, rallar el queso y volver a poner la cubeta en la air fryer. Cocinar durante 7 minutos a 200 °C o hasta que se dore.

4 Emplatar la sopa, decorar con las hojas de cilantro restantes, servir con cuñas de lima y ¡a cucharear!

CALORÍAS	GRASAS	GR. SAT.	PROTEÍNAS	CARBOH.	AZÚCAR	SAL	FIBRA
295 kcal	13,4 g	6 g	12 g	32,6 g	14,9 g	1,5 g	6,3 g

Pasión por los chips de kale

Las freidoras de aire tienen fama de conseguir el punto crujiente perfecto de los alimentos. Son, pues, ideales para preparar chips de kale. De ti depende ponerles simplemente sal marina o añadirles alguna especia.

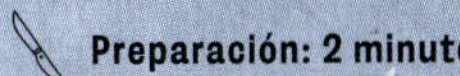 Preparación: 2 minutos  Cocción: 10 minutos  1 cubeta

Retirar la rejilla de la cubeta de la air fryer. Desechar los tallos más gruesos de **180 g de kale**, romper las hojas en trozos del tamaño de un bocado y ponerlos en la cubeta. Amasarlos con una pizca generosa de sal marina y 2 cucharadas de aceite de oliva, hasta que las hojas se oscurezcan y ablanden ligeramente. Cocinarlas 10 minutos a 180 °C o hasta que estén crujientes, sacudiendo la cubeta cada par de minutos. Los chips están deliciosos tal cual, pero también con un poco de pimentón ahumado o pimienta de cayena para darles un punto diferente o con la mezcla de especias que se prefiera.

Napolitanas de calabaza

Para 4 personas

Preparación: 20 minutos

Cocción: 1 hora y 10 minutos, y algo más para enfriar

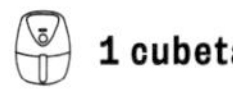
1 cubeta

½ calabaza moscada (600 g)

2 cucharadas de dukkah

1 pizca de copos de guindilla roja seca

250 g de cereales variados precocidos (trigo, cebada, arroz integral y rojo, quinoa)

100 g de queso feta

1 huevo grande

320 g de hojaldre preparado

1 Cortar la calabaza en trozos de 3 cm (no hace falta pelarla), desechando las semillas si hubiera, y mezclar con 1 cucharada de cada de dukkah y aceite de oliva, los copos de guindilla y una pizca de sal marina y pimienta negra. Ponerla en la cubeta de la air fryer y cocinarla 30 minutos a 180 °C o hasta que esté tierna y caramelizada, sacudiendo la cubeta a media cocción.

2 Pasar la calabaza a un bol grande y dejarla enfriar. Luego, chafarla con un tenedor o un pasapurés. Agregar los cereales y el feta desmigado. Batir el huevo en un bol pequeño y verter tres cuartas partes en la mezcla de calabaza, sazonar y mezclar bien.

3 Desenrollar la lámina de hojaldre, dejándola sobre el papel. Disponer el relleno de calabaza por el hojaldre a lo largo, por el centro pero ligeramente a un lado, y darle forma de salchicha gruesa. Pintar ligeramente uno de los lados largos con un poco del huevo batido reservado y, con ayuda del papel, doblar el hojaldre por encima del relleno. Apretar los bordes y sellarlos con un tenedor. Pintar toda la superficie con el resto del huevo batido y hacer unos ligeros cortes a intervalos de 2 cm. Espolvorear por encima la dukkah restante.

4 Precalentar la air fryer durante 2 minutos a 200 °C. Sobre el papel, cortar el hojaldre de calabaza en cuatro porciones iguales y recortar el papel sobrante. Cocinarlas de 2 en 2 durante 20 minutos a 200 °C o hasta que hayan subido y estén doradas. Están deliciosas acompañadas de salsa piccalilli y una ensalada verde o como parte de un menú de picoteo.

CALORÍAS	GRASAS	GR. SAT.	PROTEÍNAS	CARBOH.	AZÚCAR	SAL	FIBRA
606 kcal	34 g	14,6 g	17,4 g	72,4 g	8,4 g	2 g	7,3 g

Champiñones rellenos

 **Para 2 personas**  **Preparación: 12 minutos**  **Cocción: 15 minutos**  **1 cubeta**

4 champiñones portobello

300 g de patatas nuevas peladas en conserva

50 g de queso taleggio

½ manojo de romero (10 g)

1 limón

2 rebanadas de pan de masa madre (100 g en total)

1 cogollo de lechuga

1 endivia

2 puñados de rúcula

1 Para preparar el relleno, retirar los tallos de los champiñones, picarlos finos y echarlos en un bol. Escurrir las patatas y añadirlas. Trocear el queso y echarlo en el bol también. Deshojar el romero, picarlo fino y añadir casi todo, junto con la ralladura de ½ limón y una buena pizca de sal marina y pimienta negra. Chafarlo todo bien y rellenar los champiñones con esta mezcla, apretando un poco.

2 En un robot de cocina, triturar el pan con el resto del romero y 1 cucharada de aceite de oliva, y esparcir este pan rallado sobre los champiñones.

3 Colocarlos en la cubeta de la air fryer y cocinarlos 15 minutos a 180 °C o hasta que el pan esté dorado y los champiñones tiernos.

4 Mientras, cortar el cogollo en cuñas finas, limpiar la endivia, separar las hojas y picar fino el tallo, mezclarlo todo con la rúcula, un buen chorro de zumo de limón y ½ cucharada de aceite de oliva virgen extra, y sazonar al gusto. Servir los champiñones rellenos con la guarnición de ensalada.

CALORÍAS	GRASAS	GR. SAT.	PROTEÍNAS	CARBOH.	AZÚCAR	SAL	FIBRA
389 kcal	17,8 g	6 g	15,1 g	42,3 g	4 g	1,8 g	3,6 g

Col al gochujang

 **Para 2 personas**  **Preparación: 3 minutos** **Cocción: 16 minutos**  **1 cubeta**

Verter 2 cucharadas de agua en la cubeta de la air fryer. Cortar **1 col puntiaguda pequeña** en 6 cuñas a lo largo. En un bol, untarla con ½ cucharada de aceite de oliva y 1 cucharada de vinagre de vino tinto, una pizca de pimienta negra y **1 cucharada de salsa gochujang**. Disponer las cuñas en la cubeta, con el corte hacia abajo, cocinar durante 10 minutos a 160 °C o hasta que estén tiernas, darles la vuelta y cocerlas 6 minutos más a 180 °C o hasta que empiecen a tostarse. Esparcir por encima unas **semillas tostadas variadas** y servir. Queda muy bien con fideos, tofu o pollo.

CALORÍAS	GRASAS	GR. SAT.	PROTEÍNAS	CARBOH.	AZÚCAR	SAL	FIBRA
128 kcal	3,9 g	0,6 g	7,6 g	16 g	14,1 g	0,6 g	12,8 g

Espinacas con dukkah

 Para 2 personas  Preparación: 2 minutos  Cocción: 4 minutos  1 cubeta

Retirar la rejilla de la cubeta de la air fryer e introducir **250 g de espinacas tiernas**. Esparcir uniformemente **1 cucharada de dukkah** y la ralladura fina de **½ limón**, y cocinar 4 minutos a 180 °C o hasta que las espinacas se ablanden, removiendo a media cocción. Sazonar al gusto con sal marina, pimienta negra y un chorrito de zumo de limón, y rematar con un toque de aceite de oliva virgen extra. Ideal para acompañar verduras asadas, como calabaza o coliflor, o pollo asado.

CALORÍAS	GRASAS	GR. SAT.	PROTEÍNAS	CARBOH.	AZÚCAR	SAL	FIBRA
67 kcal	4,6 g	0,6 g	4,2 g	1,7 g	0,1 g	0,2 g	2,9 g

Lasaña desaliñada de calabaza

Para 3 personas | Preparación: 20 minutos | Cocción: 1 hora, más reposo | 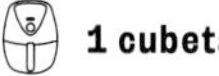 1 cubeta

½ calabaza moscada (600 g)

1 buena pizca de canela molida

1 pizca de copos de guindilla roja seca

300 g de requesón

3 huevos

1 manojo de albahaca (30 g)

50 g de parmesano

250 g de láminas frescas de lasaña

2 cucharaditas de pesto

1 Cortar la calabaza en trozos de 2 cm (no hace falta pelarla), desechando las semillas si hubiera. Ponerla en la cubeta de la air fryer y mezclarla con la canela, la guindilla seca, 1 cucharada de aceite de oliva y una pizca de sal marina y pimienta negra. Cocinarla 30 minutos a 180 °C o hasta que esté tierna y caramelizada.

2 Poner el requesón en un bol grande, cascar en él los huevos, deshojar la albahaca, picar las hojas y añadirlas, rallar la mitad del parmesano, sazonar y mezclar bien. Romper las hojas de lasaña y echarlas también. Añadir la calabaza, chafándola un poco con un tenedor, e incorporar 150 ml de agua.

3 Forrar la rejilla y los lados de la cubeta con una hoja de papel de horno (humedecerla y arrugarla en una bola antes), con cuidado de que no quede cerca de la resistencia de la air fryer. Luego, echar la mezcla del bol y alisar la superficie. Cocinarla 15 minutos a 180 °C.

4 Abrir la cubeta, mezclar bien, alisar la superficie, rallar fino por encima el resto del parmesano, rociar con un poco de aceite y cocinar 15 minutos más a 180 °C o hasta que se dore y esté bien cocido. Dejar reposar en la cubeta unos minutos.

5 Sacar la lasaña de la cubeta con ayuda del papel de horno, echar las cucharaditas de pesto por encima, cortar en porciones y servir. Una ensalada de rúcula y parmesano casa de maravilla.

CALORÍAS	GRASAS	GR. SAT.	PROTEÍNAS	CARBOH.	AZÚCAR	SAL	FIBRA
530 kcal	24,5 g	9,8 g	29,8 g	48,5 g	13,9 g	1,6 g	5,6 g

Verduras mediterráneas con magnífico aliño de tomate

 **Para 2 personas** | **Preparación: 12 minutos** |  **Cocción: 40 minutos** |  **2 cubetas**

- 2 cebollas rojas pequeñas
- 1 limón
- 1 cabeza de ajos
- 1 berenjena (de 250 g)
- 1 calabacín
- 1 tomate maduro grande
- 1 pizca de copos de guindilla roja seca
- 6 aceitunas negras con hueso
- 100 g de yogur natural
- 3 ramitas de menta
- 3 ramitas de perejil
- 30 g de queso feta

1 Pelar las cebollas y partirlas por la mitad junto con el limón. Retirar la rejilla de la cubeta pequeña de la air fryer, poner dentro las cebollas y el limón con la cabeza de ajos entera y sin pelar, y cocinarlo 40 minutos a 200 °C o hasta que todo esté bien tierno; pasados los primeros 15 minutos, retirar las mitades de limón.

2 Partir la berenjena y el calabacín por la mitad a lo largo, hacer en la piel unos cortes en diagonal en ambos sentidos a intervalos de ½ cm, ponerlos con la piel hacia arriba en la cubeta grande y cocinarlos 30 minutos a 200 °C o hasta que se doren.

3 Para elaborar el aliño, poner 2 cucharadas de aceite de oliva virgen extra en un bol poco profundo. Con unas pinzas, exprimir en el bol una de las mitades de limón asado. Partir el tomate en dos y rallarlo fino, desechando la piel. Añadir los copos de guindilla, aplastar las aceitunas, deshuesarlas y trocearlas, mezclar todo bien y sazonar al gusto.

4 Con las pinzas, retirar la cabeza de ajos de la cubeta pequeña y apretarla sobre un bol pequeño para extraer la pulpa, desechando la piel. Mezclarla con el yogur, ½ cucharada de aceite de oliva virgen extra y un chorrito pequeño de la otra mitad de limón asado. Reservar este ½ limón para servir y sazonar al gusto.

5 Volcar la berenjena y el calabacín en el aliño de tomate, deshojar por encima la menta y el perejil y mezclar bien. Retirar las cebollas de la air fryer, separarlas en pétalos y echarlos por encima. Esparcir también el feta desmenuzado.

6 Servir con el ½ limón asado reservado, para exprimirlo por encima, y el yogur al ajo. Queda estupendo con panes planos (ver página 21), para mojar.

CALORÍAS	GRASAS	GR. SAT.	PROTEÍNAS	CARBOH.	AZÚCAR	SAL	FIBRA
331 kcal	22,8 g	5,9 g	10,2 g	24,1 g	14 g	0,7 g	7,4 g

Chips de aguacate, ¡todo un descubrimiento!

O los amas o los odias, pero seguro que dan que hablar. Pruébalos y ofréceselos a tus amigos. La pregunta crucial es: ¿a favor o en contra?

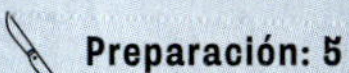 **Preparación: 5 minutos**  **Cocción: 15 minutos**  **1 cubeta**

Partir unos **aguacates maduros** por la mitad, desechar el hueso, pelarlos y cortarlos en cuñas. Con cuidado, pasarlos por una mezcla de **sémola fina**, un poco de sal y pimienta, y **la especie que se desee** hasta que queden bien cubiertos. Con pimentón ahumado, ras el hanout, garam masala o baharat quedarán muy bien. Ponerlos en una sola capa en la air fryer y cocinarlos durante 15 minutos a 200 °C o hasta que estén dorados, sacudiendo con cuidado la cubeta a media cocción. Servir acompañados de **yogur** con unas ondas de **harissa o salsa de guindilla**, para mojar. ¡Una gozada!

Calabaza rellena y alubias negras

Para 2 personas **Preparación: 13 minutos** **Cocción: 50 minutos** 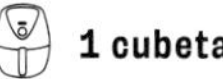

2 bases grandes de calabaza moscada (de 600 g cada una)

1 cebolla roja pequeña

2 guindillas verdes frescas

400 g de alubias negras en conserva

1 huevo

50 g de queso feta

2 cucharadas de cuscús

1 manojo de cilantro (30 g)

1 aguacate maduro

1 lima

1 La parte superior de las calabazas moscadas se puede utilizar para otras recetas (ver páginas 75, 87, 93, 123). Con una cuchara, raspar las semillas y desecharlas; luego, frotar bien las calabazas con aceite de oliva, sal marina y pimienta negra (no hace falta pelarlas). Ponerlas en la cubeta de la air fryer y cocinarlas 20 minutos a 180 °C.

2 Pelar la cebolla y partirla en cuartos, y pinchar las guindillas. Cumplido el tiempo, darles la vuelta a las calabazas, añadir la cebolla y las guindillas, y cocinarlo todo otros 10 minutos a 180 °C.

3 Con cuidado, retirar todas las verduras y también la rejilla. Verter las alubias y la mitad del líquido de la conserva en la cubeta con 1 cucharada de cada de aceite de oliva y vinagre de vino tinto, y una pizca de sal y pimienta. Picar la cebolla y las guindillas asadas (retirar las semillas si se desea), mezclar con las alubias, volver a colocar la rejilla con cuidado, y cocinarlo 10 minutos a 160 °C.

4 Mientras, batir el huevo en un bol hasta que quede ligero y espumoso, desmigar por encima el feta y añadir el cuscús. Picar finas las hojas de cilantro, reservando algunas bonitas, y añadir la mitad a la mezcla de huevo. Verter esta mezcla dentro de las calabazas, volver a ponerlas en la cubeta y cocinarlas, junto con las alubias, durante unos últimos 10 minutos a 160 °C.

5 Partir el aguacate por la mitad, desechar el hueso, pelarlo y picarlo. Aliñarlo con el zumo de ½ lima y un chorrito de aceite de oliva virgen extra, y sazonar al gusto.

6 Retirar las calabazas rellenas y la rejilla de la air fryer. Incorporar el resto del cilantro picado a las alubias, remover bien, sazonar al gusto y repartirlas entre los platos. Disponer encima las calabazas, servir a un lado el aguacate aliñado y las hojas de cilantro reservadas, y acompañar con unas cuñas de lima.

CALORÍAS	GRASAS	GR. SAT.	PROTEÍNAS	CARBOH.	AZÚCAR	SAL	FIBRA
571 kcal	23 g	6,7 g	24,1 g	65 g	31,6 g	1,8 g	24 g

Pak choi picante con lima

 **Para 2 personas**  **Preparación: 1 minuto**  **Cocción: 15 minutos** **1 cubeta**

Cortar **2 pak choi** en cuartos a lo largo, partir **1 lima** por la mitad, ponerlo todo en la cubeta de la air fryer y mezclar con un chorrito de aceite de oliva y una pizca de sal marina. Cocinarlo 15 minutos a 180 °C o hasta que las hojas estén bien cocidas y el tallo tierno, sacudiendo la cubeta a media cocción. Servir los pak choi en los platos, exprimir la lima asada por encima con unas pinzas y rociar con **1 cucharada de aceite de guindilla con sésamo y trozos de cacahuete**. Casa con una ensalada de fideos o para acompañar tofu o langostinos.

CALORÍAS	GRASAS	GR. SAT.	PROTEÍNAS	CARBOH.	AZÚCAR	SAL	FIBRA
81 kcal	6,6 g	1 g	1,9 g	2,3 g	1,8 g	0,7 g	2,2 g

Tirabeques con sésamo

 Para 2 personas  Preparación: 1 minuto  Cocción: 8-10 minutos 1 cubeta

Retirar la rejilla de la cubeta de la air fryer, poner **180 g de tirabeques** y mezclarlos con **1 cucharada de salsa de ostras** y **1 cucharada de aceite de sésamo**. Esparcir por encima **1 cucharada de semillas de sésamo** y cocinarlos entre 8 y 10 minutos a 180 °C o hasta que las semillas estén tostadas y los tirabeques se hayan ablandado y empiecen a tostarse. Están buenos con fideos o con salmón... ¡o ambos!

CALORÍAS	GRASAS	GR. SAT.	PROTEÍNAS	CARBOH.	AZÚCAR	SAL	FIBRA
121 kcal	9 g	1,3 g	3,9 g	6,3 g	5 g	0,4 g	1,3 g

Patatas al horno buenísimas

 Para 4 personas  Preparación: 8 minutos  Cocción: 60 minutos  1 cubeta

1 kg de patatas tipo Maris Piper medianas

4 dientes de ajo

40 g de mantequilla sin sal a punto de pomada

2 ramitas de salvia

1 Pelar las patatas y dejarlas enteras. Lo ideal es que todas tengan el mismo tamaño (8 cm). Cocerlas en una cazuela de agua hirviendo con sal durante 15 minutos, pasarlas a un escurridor y dejarlas 2 minutos para que la humedad se evapore. Sacudir el escurridor unas pocas veces para redondear los bordes de las patatas y que se rompa su superficie, y volver a ponerlas en la cazuela.

2 Precalentar la air fryer durante 2 minutos a 180 °C. Mezclar las patatas con los dientes de ajo sin pelar, la mantequilla, 1 cucharada de aceite de oliva y una pizca de sal marina y pimienta negra, disponerlas en una capa uniforme en la cubeta y cocinarlas 30 minutos o hasta que estén crujientes y doradas.

3 Ahora, la parte que marca la diferencia. Extraer la cubeta y aplastar ligeramente cada patata con una espátula o un pasapurés sin chafarlas del todo, hasta que se abran y más o menos choquen unas con otras. Deshojar la salvia, mezclar las hojas con un poco de aceite, echarlas por encima de las patatas y cocinarlas 15 minutos más o hasta que estén bien doradas y deliciosas. Apretar los dientes de ajo asados para que salga la pulpa y echarlos por encima de las patatas, junto con los trocitos de patata crujientes que hayan quedado en el fondo de la cubeta, y servir.

CALORÍAS	GRASAS	GR. SAT.	PROTEÍNAS	CARBOH.	AZÚCAR	SAL	FIBRA
297 kcal	12 g	5,8 g	5,5 g	44,3 g	1,6 g	0,6 g	3,3 g

Sí, créetelo: con la air fryer se preparan unas ensaladas increíbles. ¡Manos a la obra!

Ensaladas súper

Ensalada de zanahoria asada y queso de cabra

 Para 2 personas  Preparación: 9 minutos  Cocción: 20 minutos  2 cubetas

350 g de zanahorias

1 cucharada colmada de pasta de harissa

2 panes planos

85 g de queso de cabra con corteza

150 g de uvas rojas o negras sin semillas

1 manojo de hierbas aromáticas frescas (30 g), como cilantro, estragón, perejil

1 aguacate pequeño maduro

1 Lavar las zanahorias y partirlas por la mitad o en cuartos a lo largo, en función del tamaño. Ponerlas en la cubeta grande de la air fryer y mezclarlas con la harissa, 1 cucharada de aceite de oliva y una pizca de sal marina y pimienta negra. Cocinar 20 minutos a 180 °C o hasta que estén tiernas, sacudiendo la cubeta a media cocción. Cuando solo falten un par de minutos, introducir los panes planos para que se calienten.

2 Cortar el queso de cabra por la mitad y ponerlo en la cubeta pequeña junto con las uvas (será más fácil si se dejan con el tallo, sin desgranar). Rociar con un poco de aceite, sazonar y cocinar 8 minutos a 180 °C o hasta que las uvas empiecen a reventar y el queso esté dorado y comience a derretirse.

3 Con cuidado, desgranar las uvas en un bol, aplastar ligeramente algunas de ellas con un tenedor, deshojar sobre el bol las hierbas aromáticas, mezclar con 1 cucharada de cada de vinagre de vino tinto y aceite de oliva virgen extra, y sazonar al gusto.

4 Servir los panes planos calientes en los platos; partir el aguacate por la mitad, desechando el hueso, y aplastarlo sobre los panes con un tenedor. Echar por encima a cucharadas la ensalada de uvas y hierbas, y coronar con las zanahorias a la harissa y el queso de cabra, rociando por encima el aliño que quede en las cubetas, y servir.

CALORÍAS	GRASAS	GR. SAT.	PROTEÍNAS	CARBOH.	AZÚCAR	SAL	FIBRA
657 kcal	36,8 g	10,1 g	15,5 g	66,8 g	24,1 g	2,4 g	8,7 g

Panzanella templada

 Para 2 personas

 Preparación: 5 minutos

 Cocción: 15 minutos

 1 cubeta

2 rebanadas grandes de pan de masa madre

500 g de tomates en rama maduros

1 diente de ajo grande

½ manojo de orégano (10 g) o 1 cucharadita de orégano seco

1 cebolla roja pequeña

2 cucharaditas de alcaparras pequeñas en salmuera

½ manojo de albahaca (15 g)

1 Retirar la rejilla de la cubeta de la air fryer, disponer el pan en la base y volver a colocar la rejilla. Cocinarlo 5 minutos a 200 °C.

2 Picar gruesos los tomates y ponerlos en una fuente. Agregar el ajo pelado y rallado fino, así como el orégano deshojado, ½ cucharada de aceite de oliva y una pizquita de sal marina y pimienta negra, y mezclar bien. Echarlo todo en la cubeta, reservando la fuente para después, y cocinarlo 10 minutos a 200 °C o hasta que los tomates se ablanden.

3 Mientras, pelar la cebolla, cortarla en juliana muy fina y, en la fuente, estrujarla un poco con una pizca de sal y 1 cucharada de vinagre de vino tinto, y reservar para que se haga un encurtido ligero. Pasado el tiempo de cocción de los tomates, verterlos en la fuente y, con unas pinzas, retirar con cuidado la rejilla y romper el pan por encima de los tomates.

4 Añadir las alcaparras, echar por encima las hojas de la albahaca, aliñar con 1 cucharada de aceite de oliva virgen extra, mezclarlo todo y sazonar al gusto. Si uno puede resistirse, es mejor dejarla reposar unos minutos para que se desarrollen los sabores. ¡Y a disfrutar!

CALORÍAS	GRASAS	GR. SAT.	PROTEÍNAS	CARBOH.	AZÚCAR	SAL	FIBRA
232 kcal	10,4 g	1,6 g	5,8 g	29,2 g	11,6 g	0,9 g	4 g

Ensalada de fideos y setas

 **Para 2 personas**  **Preparación: 12 minutos**  **Cocción: 15 minutos** **1 cubeta**

400 g de setas variadas, como shiitake o de ostra

300 g de fideos udón gruesos listos para wok

4 cebolletas

1 pepino

½ manojo de menta (15 g)

1 diente de ajo

un trozo de jengibre de 4 cm

1 lima

1 guindilla roja fresca

2 cucharadas de salsa de soja baja en sal

1 cucharada de salsa de pescado

1 cucharada de semillas de sésamo tostadas

1 Poner las setas en la cubeta grande de la air fryer, troceando las más grandes, y cocinarlas 10 minutos a 180 °C.

2 Separar los fideos, atomizar un poco de aceite, mezclar bien, disponerlos por encima de las setas y cocinar 5 minutos más a 180 °C o hasta que se hayan calentado bien.

3 Mientras, limpiar las cebolletas y cortarlas en rodajas finas, cortar grueso el pepino y picar las hojas de menta. Para preparar el aliño, pelar el ajo y el jengibre, y rallarlos finos en un bol grande junto con la piel de la lima. Retirar las semillas de la guindilla, picarla fina y añadirla al bol. Agregar 2 cucharadas de aceite de oliva, las salsas de soja y de pescado, y el zumo de la lima, y sazonar al gusto.

4 Verter las setas y los fideos en el aliño, añadir las cebolletas, el pepino y la menta, mezclar bien y emplatar. Por último, esparcir por encima las semillas de sésamo.

Versión vegana

Para hacer esta receta vegana solo hay que omitir la salsa de pescado.

CALORÍAS	GRASAS	GR. SAT.	PROTEÍNAS	CARBOH.	AZÚCAR	SAL	FIBRA
448 kcal	19,9 g	2,9 g	17,8 g	48,6 g	6 g	1,8 g	6,9 g

Ensalada de pollo al curri

Para 2 personas

 Preparación: 12 minutos

Cocción: 40 minutos

 1 cubeta

½ lata (de 410 g) de mitades de melocotón en su jugo

2 cebollas rojas

2 muslos de pollo grandes con contramuslo

1 limón

2 cucharadas colmadas de la pasta de curri que se prefiera

30 g de almendras fileteadas

4 cucharadas de yogur griego

2 cogollos de lechuga

1 manojo de cilantro (30 g)

1 guindilla roja fresca

1 Retirar la rejilla de la cubeta de la air fryer, disponer los melocotones en la base con una cuchara, reservando el jugo, y volver a colocar la rejilla. Pelar las cebollas, cortarlas en 6 cuñas y esparcirlas por la cubeta. Secar los muslos de pollo dándoles unos toques con papel de cocina, echar por encima el zumo de medio limón y frotarlos con la pasta de curri y 1 cucharada de aceite de oliva. Ponerlos en la cubeta, con la piel hacia abajo, procurando que las cebollas queden por debajo, y cocinar 40 minutos a 180 °C o hasta que el pollo esté dorado y bien cocido, dándole la vuelta a media cocción. Cuando solo falten 5 minutos, agregar las almendras.

2 Pasar las almendras, el pollo y las cebollas a la tabla de cortar, y retirar la rejilla con cuidado. En la cubeta, cortar los melocotones en cuñas y mezclarlos con el yogur y un chorrito del jugo reservado de los melocotones para elaborar un aliño. Luego, desmenuzar el pollo y la piel crujiente y añadirlos, desechando los huesos. Echar también a la cubeta las cebollas, separándolas antes en pétalos. Mezclarlo todo bien y sazonar al gusto.

3 Cortar los cogollos en cuñas finas y disponerlas en una fuente. Picar gruesas casi todas las hojas del cilantro y esparcirlas por encima. Disponer el pollo aliñado y las cebollas por encima. Cortar la guindilla en rodajas finas y añadirla junto con las almendras y el resto de las hojas de cilantro, y servir. Ideal acompañado de papadums.

CALORÍAS	GRASAS	GR. SAT.	PROTEÍNAS	CARBOH.	AZÚCAR	SAL	FIBRA
572 kcal	37,9 g	7,7 g	31,1 g	29,8 g	23,1 g	1,3 g	9,7 g

Ensalada niçoise templada con salmón

Para 2 personas | Preparación: 10 minutos | Cocción: 12 minutos | 2 cubetas

200 g de judías verdes

200 g de espárragos

1 cogollo de lechuga

2 filetes de salmón (de 130 g cada uno), con piel, sin escamas y sin espinas

2 huevos medianos

50 g de pan de barra

1 tomate maduro

8 aceitunas negras con hueso

1 cucharadita de mostaza de Dijon

1 Limpiar las judías verdes, romper y desechar los extremos leñosos de los espárragos y partir el cogollo en cuartos a lo largo. Ponerlo todo en la cubeta grande de la air fryer junto con los filetes de salmón, regarlo con 1 cucharada de aceite de oliva, sazonar con sal marina y pimienta negra y remover para que se impregne todo bien. Dejar el salmón encima de los demás ingredientes, con la piel hacia arriba, y cocinarlo todo 12 minutos a 200 °C o hasta que el salmón esté justo en su punto, con la piel crujiente y las verduras tiernas.

2 Mientras, poner a hervir agua con sal en un cazo, añadir los huevos y cocerlos 6 minutos. Enfriar bajo un chorro de agua fría, pelarlos y reservar. Cortar la barra de pan en rebanadas finas, ponerlas en la cubeta pequeña y cocinarlas 4 minutos a 200 °C o hasta que estén doradas y crujientes.

3 Para elaborar el aliño, partir el tomate en dos y rallarlo fino en un bol grande poco profundo, desechando la piel. Aplastar y deshuesar las aceitunas, picarlas finas y echarlas al bol junto con la mostaza, 2 cucharadas de vinagre de vino tinto y 1 cucharada de aceite de oliva virgen extra. Mezclarlo bien y sazonar al gusto.

4 Con unas pinzas, pasar las verduras y las tostadas al bol del aliño, remover para que se impregne todo bien, deshacer el salmón en escamas y echarlas por encima junto con la piel cortada en trocitos. Partir los huevos por la mitad y servir.

CALORÍAS	GRASAS	GR. SAT.	PROTEÍNAS	CARBOH.	AZÚCAR	SAL	FIBRA
565 kcal	25,2 g	6 g	41,4 g	21,1 g	7,4 g	1,5 g	5,6 g

Ensalada de patatas y garbanzos con especias

Para 2 personas | Preparación: 11 minutos | Cocción: 20 minutos |  1 cubeta

1 lata (de 567 g) de patatas nuevas peladas

2 dientes de ajo

2 cucharaditas de semillas de comino

400 g de garbanzos en conserva

½ pepino

½ manojo de menta (15 g)

75 g de yogur natural

1 lima

2 cucharadas de chutney de mango

1 puñado de mezcla de aperitivo Bombay Mix

1 Forrar la rejilla de la air fryer con una hoja de papel de horno. Escurrir las patatas, echarlas en la cubeta y aplastarlas un poco con un pasapurés. Pelar el ajo, cortarlo en rodajas muy finas y añadirlo a la cubeta junto con el comino, 2 cucharadas de aceite de oliva y una buena pizca de sal marina y pimienta negra, y mezclarlo todo bien. Cocinarlo 10 minutos a 200 °C.

2 Escurrir los garbanzos, añadirlos a la cubeta, sacudirla para que se mezcle todo y cocinar otros 10 minutos a 200 °C o hasta que todo esté dorado y crujiente.

3 Partir el pepino en cuartos a lo largo, retirar las semillas del centro y picarlo fino. Deshojar la menta, reservando las hojas más pequeñas y bonitas, y picar finas las demás. Poner el pepino y la menta picada en un bol junto con el yogur, rallar fina la piel de la lima, exprimirla y verter el zumo, añadir 1 cucharada de aceite de oliva virgen extra, mezclar bien y sazonar al gusto.

4 Repartir las patatas y los garbanzos crujientes entre los platos y, con una cuchara, echar por encima el pepino al yogur. Añadir unos toques de chutney de mango y esparcir por encima el aperitivo Bombay Mix y las hojas reservadas de menta. ¡Riquísimo!

CALORÍAS	GRASAS	GR. SAT.	PROTEÍNAS	CARBOH.	AZÚCAR	SAL	FIBRA
597 kcal	40 g	4,8 g	17 g	66,2 g	16,8 g	1,4 g	9,5 g

Ensalada césar con pollo

 **Para 2 personas** | **Preparación: 11 minutos** |  **Cocción: 30 minutos** |  **2 cubetas**

2 contramuslos grandes de pollo, con piel y sin deshuesar

1 bulbo de hinojo

1 rebanada de pan de masa madre (50 g)

4 dientes de ajo

20 g de parmesano, y un poco más para servir

4 lonchas de beicon ahumado

2 cucharaditas de mostaza de Dijon

2 cucharaditas de salsa Worcestershire

2 cucharadas de yogur griego

½ limón

2 cogollos de lechuga o 1 lechuga romana

1 Untar el pollo con 1 cucharada de aceite de oliva y una pizca de sal marina y pimienta negra, y cocinarlo con la piel hacia arriba en la cubeta grande de la air fryer durante 30 minutos a 200 °C o hasta que esté dorado y bien cocido. Limpiar el hinojo y cortarlo en rodajas muy finas, reservando las hojas superiores, e introducirlo en la cubeta durante los últimos 10 minutos.

2 Retirar la rejilla de la cubeta pequeña. Romper el pan en trocitos e introducirlo en la cubeta con los dientes de ajo sin pelar, rallar la mitad del parmesano, añadir 1 cucharada de aceite, sazonar con pimienta, mezclar bien, introducir el beicon y cocinarlo todo 20 minutos a 200 °C o hasta que esté dorado y crujiente, sacudiendo la cubeta a media cocción.

3 Para el aliño, rallar fino el resto del parmesano en un bol grande. Apretar los dientes de ajo asados sobre el bol para extraer la pulpa, desechando las pieles. Añadir la mostaza, la salsa Worcestershire y el yogur, exprimir el limón, agregar 2 cucharadas de aceite de oliva virgen extra, mezclar bien y sazonar al gusto, diluyendo la consistencia con un chorrito de agua si fuera necesario.

4 En la tabla de cortar, separar la piel crujiente del pollo y reservarla. Desmenuzar la carne sobre el aliño, desechando los huesos. Partir las hojas de lechuga para separarlas, trocearlas sobre el bol, añadir el hinojo, remover con cuidado para que se impregne todo y repartir entre los platos. Romper por encima la piel del pollo y el beicon crujiente, y esparcir también los picatostes. Decorar con las hojas superiores del hinojo.

CALORÍAS	GRASAS	GR. SAT.	PROTEÍNAS	CARBOH.	AZÚCAR	SAL	FIBRA
488 kcal	32,4 g	8,8 g	28,1 g	21,2 g	8,4 g	1,7 g	6 g

Ensalada de cuscús con pato

 **Para 2 personas** **Preparación: 12 minutos**  **Cocción: 10 minutos, más reposo**  **1 cubeta**

150 g de cuscús integral

1 zanahoria grande (150 g)

2 cucharadas de arándanos rojos deshidratados

1 naranja grande

2 pechugas de pato (de 150 g cada una) con la piel

2 cucharaditas de ras el hanout

1 cebolla roja

1 diente de ajo

3 cucharadas de yogur griego

4 ramitas de menta

1 cucharadita de pistachos sin cáscara y sin sal

1 Poner el cuscús en un bol grande, pelar la zanahoria, rallarla y añadirla junto con los arándanos rojos picados finos. Rallar fina la piel de la naranja, exprimir el zumo y agregarlo también al bol junto con 1 cucharada de vinagre de vino tinto y 2 cucharadas de aceite de oliva virgen extra, y verter agua hirviendo justo hasta cubrir el cuscús. Remover, tapar y dejar que se rehidrate.

2 Secar las pechugas dándoles toques con papel de cocina; luego, hacerles unos cortes a la piel con un cuchillo afilado, y frotarlas con un poco de aceite de oliva, sal marina, pimienta negra y ras el hanout. Pelar la cebolla y cortarla en aros de ½ cm de grosor.

3 Con unos ramequines refractarios o dos cortapastas metálicos, elevar la rejilla de la air fryer (para que la piel del pato quede más crujiente). Luego, disponer en una sola capa los aros de cebolla sobre la rejilla. Disponer el pato encima, con la piel hacia arriba, y cocinarlo 10 minutos a 200 °C o hasta que esté crujiente por fuera pero todavía rosa en el centro. Retirar de la cubeta y dejarlo reposar 5 minutos. Mientras, dejar los aros de cebolla dentro para que se mantengan calientes.

4 Pelar el ajo y rallarlo fino sobre el yogur. Deshojar la menta, picarla fina, incorporar la mitad al yogur junto con un chorrito de aceite de oliva virgen extra y sazonar al gusto. Mezclar el resto de la menta con el cuscús, sazonar al gusto y servirlo en los platos junto con el yogur. Agregar los aros de cebolla, filetear el pato y disponerlo por encima. Por último, decorar con los pistachos picados.

CALORÍAS	GRASAS	GR. SAT.	PROTEÍNAS	CARBOH.	AZÚCAR	SAL	FIBRA
879 kcal	36 g	8 g	54,5 g	85,5 g	26,4 g	2 g	13,1 g

Ensalada de calabaza, cereales y mozzarella

 **Para 2 personas**  **Preparación: 8 minutos**  **Cocción: 38 minutos** **1 cubeta**

½ calabaza moscada (600 g)

1 buena pizca de canela molida

1 pizca de copos de guindilla roja seca

250 g de cereales variados precocidos (trigo, cebada, arroz integral y rojo, quinoa)

1 endivia

1 cogollo de lechuga

½ manojo de menta (15 g)

½ limón

125 g de mozzarella

2 cucharadas de reducción de vinagre balsámico

1 Cortar la calabaza en trozos de 3 cm (no hace falta pelarla), desechando las semillas si hubiera. Ponerla en la cubeta de la air fryer y mezclarla con la canela, la guindilla seca, 1 cucharada de aceite de oliva y una pizca de sal marina y pimienta negra. Cocinarla 30 minutos a 180 °C o hasta que esté tierna y caramelizada, sacudiendo la cubeta a media cocción.

2 Retirar con cuidado la rejilla, dejando la calabaza en la cubeta. Esparcir los cereales por encima y cocinar 8 minutos a 180 °C, hasta que los cereales estén crujientes y bien tostados.

3 Picar fina la base de la endivia y separar las hojas. Deshojar el cogollo de lechuga, troceando las hojas más grandes, y disponerlo todo en una fuente bonita. Deshojar la menta por encima y rociar el zumo del limón.

4 Colocar por encima los cereales y la calabaza tierna, y echar la mozzarella troceada. Rociar con la reducción de balsámico y 1 cucharada de aceite de oliva virgen extra, sazonar al gusto y servir.

CALORÍAS	GRASAS	GR. SAT.	PROTEÍNAS	CARBOH.	AZÚCAR	SAL	FIBRA
693 kcal	36,3 g	12,1 g	27 g	66 g	22 g	1,2 g	10,4 g

Platos vistosos, fáciles y deliciosos para compartir con tus seres queridos

Para lucirse

Pollo asado Kerala con salsa de curri

 **Para 6 personas**  **Preparación: 13 minutos** 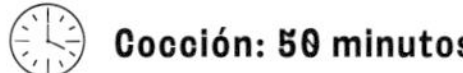 **Cocción: 50 minutos**  **2 cubetas**

1 pollo entero de 1,5 kg

1 coliflor pequeña (600 g)

4 cucharadas de pasta de curri de Kerala

700 g de garbanzos en conserva

1 cebolla

2 dientes de ajo

un trozo de jengibre de 5 cm

1 guindilla roja fresca

1 manojo de cilantro (30 g)

1 cucharadita colmada de semillas de mostaza

1 cucharadita de cúrcuma molida

1 puñado pequeño de hojas de curri

300 g de tomates cherry maduros

400 g de leche de coco ligera

1 limón

1 Presionar firmemente sobre las pechugas del pollo para romper el espinazo, aplastando ligeramente el ave, y hacer varios cortes en cada muslo con un cuchillo afilado. Cortar la coliflor en 6 cuñas, desechando las hojas exteriores más marchitas. Frotar el pollo y la coliflor por todas partes con 2 cucharadas de cada de pasta de curri y aceite de oliva, un poco de vinagre de vino tinto y una pizca de sal marina y pimienta negra.

2 Poner el pollo con la pechuga hacia abajo en la cubeta grande de la air fryer y apretarlo un poco. Cocinarlo 50 minutos a 200 °C o hasta que esté bien cocido, dándole la vuelta a media cocción.

3 Poner la coliflor en la cubeta pequeña y cocinarla durante 50 minutos a 200 °C. A media cocción, escurrir los garbanzos y añadirlos.

4 Mientras, para elaborar la salsa, pelar la cebolla, el ajo y el jengibre, quitar las semillas de la guindilla y cortarlo todo en láminas finas. Picar finos los tallos de cilantro y reservar las hojas.

5 En una sartén antiadherente grande freír a fuego medio en la placa 1 cucharada de aceite, las especias y las hojas de curri durante 2 minutos. Añadir la cebolla, el ajo, el jengibre, la guindilla, una pizca de pimienta negra, los tallos del cilantro y los tomates, las 2 cucharadas de pasta de curri restantes y cocinarlo 15 minutos más o hasta que esté tierno, removiendo de vez en cuando.

6 Agregar la leche de coco y cocer a fuego medio-bajo hasta que reduzca como una salsa. Sazonar al gusto con sal, pimienta y zumo de limón.

7 Pasar el pollo asado, la coliflor y los garbanzos a una fuente, verter por encima la salsa de curri y rematar con las hojas de cilantro. Está muy bueno con un arroz suelto al limón, chutney de mango con unos granos de granada, raita y papadums.

CALORÍAS	GRASAS	GR. SAT.	PROTEÍNAS	CARBOH.	AZÚCAR	SAL	FIBRA
494 kcal	24,8 g	7,5 g	45,3 g	24,2 g	8,5 g	1,1 g	7,8 g

Fish & chips con estilo

Para 2 personas | Preparación: 22 minutos | Cocción: 30 minutos |  2 cubetas

500 g de patatas

1 huevo

½ cucharadita de pimentón ahumado

10 g de parmesano

1 rebanada gruesa de pan integral con semillas (40g)

2 filetes de salmón (de 130 g cada uno), sin piel, sin escamas y sin espinas

1 cucharada de harina

1 tarro (de 340 g) de pepinillos mini en conserva

160 g de guisantes congelados

2 ramitas de menta

1 Frotar las patatas para limpiarlas, cortarlas a lo largo en cuñas de 2 cm, ponerlas en la cubeta grande de la air fryer, mezclarlas con 1 cucharada de aceite de oliva y una pizca de sal marina y pimienta negra, y disponerlas en una sola capa. Cocinarlas durante 30 minutos a 200 °C o hasta que estén doradas y bien cocidas, sacudiendo la cubeta a media cocción.

2 Batir el huevo, el pimentón y un poco de sal y pimienta en un plato hondo. En un robot de cocina, rallar fino el parmesano, trocear el pan, añadir 1 cucharada de aceite, triturar hasta obtener un pan rallado fino y extenderlo en un plato.

3 Pasar el salmón por la harina, sumergirlo en la mezcla de huevo y dejar que escurra el sobrante. Rebozarlo con el pan rallado, dándole unos toques para que se pegue bien. Colocar los dos filetes en la cubeta pequeña y cocinarlos 10 minutos a 200 °C o hasta que estén dorados y en su punto.

4 Mientras, preparar un kétchup de pepinillos. Verter el tarro de pepinillos y la mitad del líquido en un robot de cocina y triturar hasta que quede homogéneo. Servir dos porciones en un bol pequeño, verter el resto de nuevo en el tarro y guardarlo para otras recetas en la nevera, donde se conservará hasta 2 semanas.

5 Cocer los guisantes durante 4 minutos en una cazuela de agua hirviendo con sal y escurrirlos, reservando un poco del agua de cocción. Echarlos en el robot de cocina (no hace falta limpiarlo), deshojar la menta y triturarlo todo, diluyendo la consistencia con chorritos del agua reservada, si fuera necesario. Sazonar al gusto y taparlo para que se mantenga caliente.

6 Servir el pescado y las patatas con el puré de guisantes y el kétchup de pepinillos.

CALORÍAS	GRASAS	GR. SAT.	PROTEÍNAS	CARBOH.	AZÚCAR	SAL	FIBRA
725 kcal	22,4 g	4,4 g	64,6 g	69,8 g	5,4 g	0,9 g	8,9 g

Camembert al horno con arcoíris de verduras

 **Para 4 personas**  **Preparación: 10 minutos**  **Cocción: 12 minutos** **1 cubeta**

1 queso camembert (de 250 g)

½-1 guindilla roja fresca

2 ramitas de tomillo

2 rebanadas grandes de pan de masa madre

1 cucharada de miel líquida

640 g de verduras crujientes variadas, como tirabeques, apio, endivia, pepino, rábanos, pimientos, hinojo

1 diente de ajo

1 Quitar la corteza de la parte superior del camembert, dejando un borde de 1 cm por todo el contorno, y volver a poner el queso en su caja pero retirando el papel si lo hubiera. Cortar la guindilla en rodajas finas, quitándole las semillas si se desea, e introducir las rodajitas en la parte superior del queso. Deshojar por encima el tomillo, pulverizar un poco de aceite de oliva, sazonar con una pizquita de sal marina y pimienta negra, y poner la caja con el queso en la cubeta de la air fryer.

2 Cortar el pan en palitos gruesos, disponerlos alrededor del queso, pulverizarlos con aceite y cocinarlo todo 10 minutos a 180 °C. Regar el queso con la miel y cocinarlo 2 minutos más o hasta que esté fundido y los palitos de pan, dorados.

3 Mientras, limpiar y preparar las verduras variadas, cortándolas al tamaño ideal para ir mojando. Disponerlas en una fuente o una tabla de cortar.

4 Partir el diente de ajo por la mitad y frotar con el lado cortado los palitos de pan calientes, añadirlos a la fuente junto con el queso horneado y ¡a mojar!

CALORÍAS	GRASAS	GR. SAT.	PROTEÍNAS	CARBOH.	AZÚCAR	SAL	FIBRA
264 kcal	13 g	8,6 g	16,5 g	20,4 g	10 g	1,2 g	1,3 g

Pastelitos de cerdo y manzana con piccalilli

 **Para 4 personas** **Preparación: 25 minutos, más refrigeración**  **Cocción: 25 minutos**  **1 cubeta**

250 g de harina de fuerza, y un poco más para espolvorear

125 g de mantequilla sin sal fría

1 cebolla

2 manzanas pequeñas

1 tarro de salsa piccalilli

250 g de carne de cerdo picada

1 huevo

4 cucharaditas de semillas de sésamo

20 g de queso cheddar o red leicester

1 En un bol, poner la harina con una pizca de sal marina, añadir la mantequilla troceada y amasarlo todo con los dedos. Hacer un hueco en el centro, añadir poco a poco 75 ml de agua fría e ir formando una masa un poco pegajosa. Envolverla y dejarla reposar 1 h en la nevera.

2 Pelar la cebolla, partir las manzanas en cuartos y descorazonarlas, y cortarlo todo en rodajas finas. Retirar la rejilla de la cubeta de la air fryer, introducir la cebolla y la manzana, y cocinar 10 minutos a 200 °C para que se deshidraten. Luego, sacarlas para que se enfríen. Volver a colocar la rejilla.

3 Echar el piccalilli en el vaso de la batidora y triturar hasta obtener una mezcla homogénea. Poner 2 cucharadas en un bol con la carne picada y una pizca de sal y pimienta negra, echar un poquito en un bol pequeño para mojar, verter el resto en el tarro y guardarlo en la nevera hasta 3 semanas, para otras recetas.

4 Cuando se hayan enfriado, picar la manzana y la cebolla y echarlas al bol de la carne picada. Amasarlo todo bien. Dividir este relleno en 4 porciones iguales, darles forma de bola y aplastarlas. Sacar la masa de la nevera, cortarla en 4 porciones iguales y, de una en una, estirarlas entre dos hojas de papel de horno hasta que tengan algo menos de ½ cm de grosor y unos 15 cm de diámetro. Disponer cada bola de relleno en el centro de cada círculo de masa y, a continuación, levantar los bordes de la masa, doblándola y remetiéndola para formar ondas y picos, dejando parte del relleno a la vista.

5 Batir el huevo, pintar los bordes de la masa y espolvorear las semillas de sésamo solo en la masa. Rallar el queso y esparcirlo por encima del relleno. Luego, llevar los pastelitos a la cubeta de la air fryer y cocinarlos 15 minutos a 200 °C o hasta que la masa esté dorada y el relleno esté bien cocido.

6 Servir con el piccalilli triturado. Casa de maravilla con una ensalada de zanahoria, manzana y nueces.

CALORÍAS	GRASAS	GR. SAT.	PROTEÍNAS	CARBOH.	AZÚCAR	SAL	FIBRA
633 kcal	35,3 g	19,6 g	23,7 g	58,9 g	9,6 g	1,6 g	3,3 g

Pato dorado con ñoquis y cebolla dulce

 **Para 2 personas**  **Preparación: 8 minutos**  **Cocción: 1 hora y 15 minutos** 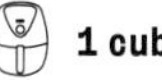 **1 cubeta**

1 cabeza de ajos

2 cebollas rojas pequeñas

2 muslos de pato con contramuslo

½ manojo de tomillo (10 g)

½ manojo de menta (15 g)

½ guindilla roja fresca

400 g de ñoquis de patata

250 g de tomates cherry maduros, en la rama

1 Retirar la rejilla de la cubeta de la air fryer. Partir por la mitad la cabeza de ajos entera y sin pelar. Pelar las cebollas y cortarlas en aros de 1 cm de grosor. Secar el pato dándole toques con papel de cocina y ponerlo todo en la cubeta. Deshojar el tomillo en la cubeta y mezclarlo todo con 1 cucharada de aceite de oliva y una pizca de sal marina y pimienta negra. Colocar la cabeza de ajos con el corte hacia abajo, disponer el pato encima con la piel hacia abajo, procurando que las cebollas queden por debajo, y cocinar 45 minutos a 150 °C.

2 Deshojar la menta y picarla fina junto con la guindilla. Echar ambas en un bol pequeño y aliñar con 1 cucharada de cada de vinagre de vino tinto y aceite de oliva virgen extra, diluyendo la consistencia con un poco de agua. Sazonar al gusto.

3 Cuando se haya cumplido el tiempo del pato, echar por encima los ñoquis. Poner los muslos de pato por encima, con la piel hacia arriba, y cocinar 30 minutos a 180 °C. En los últimos 15 minutos, añadir los tomates en su rama.

4 Servir el pato y los tomates. Luego, mezclar los ñoquis y las cebollas en la cubeta para que absorban bien los jugos de cocción, apretando la cabeza de ajos para extraer la pulpa. Disponerlo junto al pato y servir con la salsa de menta y guindilla.

CALORÍAS	GRASAS	GR. SAT.	PROTEÍNAS	CARBOH.	AZÚCAR	SAL	FIBRA
684 kcal	24,2 g	6 g	43,3 g	72,7 g	10,7 g	1,8 g	8,7 g

Rollitos de pollo y setas

 Para 2 personas 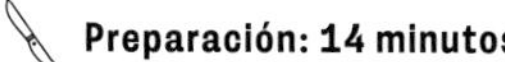 Preparación: 14 minutos  Cocción: 35 minutos 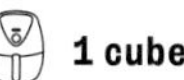 1 cubeta

125 g de setas variadas

1 diente de ajo

4 ramitas de perejil

1 nuez pequeña de mantequilla sin sal a punto de pomada

½ limón

2 pechugas de pollo sin piel (de 150 g cada una)

½ lámina (de 320 g) de hojaldre

1 huevo

2 cucharaditas de mostaza de textura granulada

75 ml de vino blanco

75 ml de nata líquida

1 Trocear las setas de mayor tamaño y ponerlas todas en la cubeta de la air fryer junto con 1 cucharada de aceite de oliva y el diente de ajo sin pelar. Cocinarlas 15 minutos a 200 °C o hasta que se doren.

2 Vaciar las setas sobre una tabla de cortar, apretar el diente de ajo para extraer la pulpa, desechando la piel, y picarlo fino todo junto. Picar fino el perejil (incluidos los tallos) y añadirlo a la tabla de cortar junto con la mantequilla y un chorrito de zumo de limón. Sazonar al gusto y dejar que se enfríe bien.

3 Con la punta de un cuchillo afilado, cortar con cuidado las pechugas de pollo en horizontal por su parte más gruesa y abrirlas como si fueran un libro. Repartir la mezcla fría de setas entre las dos pechugas y volver a cerrarlas a su forma original, sellando la mezcla en el interior.

4 Partir la lámina de hojaldre por la mitad. Estirando ligeramente cada trozo, envolver las pechugas. Batir el huevo, pintar bien los rollitos y ponerlos en la cubeta. Cocinarlos 20 minutos a 200 °C o hasta que estén dorados y bien cocidos.

5 Para preparar la salsa, poner una sartén antiadherente a fuego medio-alto y añadir la mostaza y el vino blanco. Dejar que burbujee y se reduzca a la mitad. Verter entonces la nata y cocer a fuego lento hasta que la salsa se pegue al dorso de una cuchara. Sazonar al gusto y repartir entre los platos.

6 Partir los dos rollitos de pollo y disponerlos sobre la salsa, rociando por encima los jugos que hayan quedado en la cubeta, y terminar con un chorrito de aceite de oliva virgen extra si se desea. Queda muy bueno con zanahorias asadas y berros.

CALORÍAS	GRASAS	GR. SAT.	PROTEÍNAS	CARBOH.	AZÚCAR	SAL	FIBRA
725 kcal	42,4 g	19,1 g	45,7 g	34,4 g	2,3 g	0,7 g	1,9 g

Cerdo dorado con fideos y piña

 Para 4 personas  Preparación: 20 minutos  Cocción: 35 minutos  2 cubetas

1 piña pequeña (600 g)
polvo de cinco especias
500 g de panceta de cerdo en lonchas finas
1 pimiento rojo
200 g de fideos de arroz planos
1 guindilla roja fresca
un trozo de jengibre de 6 cm
1 diente de ajo
1 lima
2 cucharadas de salsa de soja baja en sal
2 cucharaditas de aceite de sésamo
2 cucharaditas de salsa de pescado
miel líquida
800 g de verduras crujientes variadas, como pepino, rábanos, tirabeques, zanahorias, espárragos
1 manojo de menta y cilantro (30 g en total)
1 cucharada de semillas de sésamo

1 Limpiar la piña, pelarla, retirar el centro duro y cortarla en 8 rodajas. Espolvorear con las cinco especias, rociar con aceite de oliva, ponerla en la cubeta pequeña de la air fryer y caramelizarla 30 minutos a 200 °C.

2 Mezclar la panceta con 1 cucharada de aceite, 1 cucharadita de cinco especias y una pizca generosa de sal marina y pimienta negra. Romper el pimiento en cuartos, desechando las semillas, y ponerlo con la panceta en la cubeta grande. Cocinarlo 25 minutos a 200 °C, o hasta que esté bien dorado.

3 En un bol, cubrir los fideos con agua hirviendo, dejarlos para que se rehidraten, escurrirlos y enfriarlos bajo un chorro de agua fría.

4 Para elaborar el aliño, rociar 2 cucharadas de aceite de oliva en una fuente. Picar fina la guindilla y echarla a la fuente. Pelar el jengibre y el ajo, y rallarlos finos por encima junto con la piel de la lima. Exprimir la lima por encima, agregar la soja, el aceite de sésamo, la salsa de pescado y 2 cucharaditas de miel, y mezclarlo todo bien.

5 Limpiar y preparar las verduras variadas: picar el pepino, los rábanos y los tirabeques, y cortar en cintas con un pelador las zanahorias y los espárragos. Disponerlo todo en la fuente junto con los fideos y romper por encima las hierbas aromáticas, listo para aliñarlo después.

6 Cumplido el tiempo de la air fryer, retirar los trozos de pimiento de la cubeta grande y echarlos en la ensalada. Agregar a la panceta 1 cucharada de miel y las semillas de sésamo, remover para que se impregne bien y cocer 10 minutos más a 200 °C, dándole la vuelta a media cocción.

7 Cortar el cerdo y la piña en trozos, echarlos por encima de la ensalada, mezclarlo para que se impregne con el aliño del fondo de la fuente, sazonar al gusto y servir.

CALORÍAS	GRASAS	GR. SAT.	PROTEÍNAS	CARBOH.	AZÚCAR	SAL	FIBRA
771 kcal	40,6 g	11,3 g	32,6 g	69 g	26,6 g	1,7 g	2,2 g

Salmón relleno de hierbas con salsa de pimientos rojos

Para 2 personas | **Preparación: 8 minutos** | **Cocción: 20 minutos** | **2 cubetas**

1 lata (de 567 g) de patatas nuevas peladas

1 limón

200 g de espárragos

100 g de judías verdes

200 g de brócoli bimi

2 filetes de salmón (de 130 g cada uno), con piel, sin escamas y sin espinas

½ manojo de hierbas aromáticas frescas (15 g), como eneldo, albahaca, perejil, menta

2 pimientos asados en conserva grandes

2 cucharaditas de alcaparras pequeñas en salmuera

½ diente pequeño de ajo

½ cucharadita de mostaza de Dijon

1 Escurrir las patatas, partiendo por la mitad las más grandes. Cortar medio limón en rodajas finas y ponerlo todo en la cubeta pequeña de la air fryer, procurando que las rodajas de limón queden por debajo de las patatas. Pulverizar con aceite de oliva, sazonar y cocer durante 20 minutos a 200 °C o hasta que esté dorado y crujiente, sacudiendo la cubeta a media cocción.

2 Romper y desechar los extremos leñosos de los espárragos y poner los tallos en la cubeta grande. Limpiar y añadir las judías verdes. Limpiar el brócoli, partiendo por la mitad a lo largo los tallos más gruesos, e introducirlo en la cubeta, agregar un chorrito de agua (¡o vino blanco, si tienes una botella empezada!) y cocinarlo 4 minutos a 200 °C.

3 Mientras se van cociendo las verduras, hacer unos cortes longitudinales en la piel del salmón con un cuchillo afilado, de 1 cm de profundidad aproximadamente. Sazonar con sal marina y pimienta negra. Deshojar las hierbas aromáticas e introducir la mitad en los cortes junto con unas ralladuras de limón. Disponer los filetes encima del brócoli y las demás verduras, con la piel hacia arriba, pulverizarlo todo con aceite y cocinarlo 8 minutos a 200 °C o hasta que el salmón y las verduras estén cocidos.

4 Para elaborar la salsa, colocar los pimientos y las alcaparras en una tabla. Pelar el ajo y rallarlo fino por encima, y luego picarlo bien todo junto, mezclándolo sobre la marcha. Aliñar con la mostaza y un chorrito de zumo de limón, y sazonar al gusto.

5 Repartir las patatas con limón entre los platos y añadir luego las verduras y el salmón, regándolo todo con los jugos de cocción que hayan quedado en la cubeta grande. Echar por encima las hierbas aromáticas restantes y terminar con la salsa.

CALORÍAS	GRASAS	GR. SAT.	PROTEÍNAS	CARBOH.	AZÚCAR	SAL	FIBRA
453 kcal	17 g	2,9 g	38,2 g	36 g	9,4 g	1,7 g	7,8 g

Coliflor asada con harissa

 Para 2 personas  Preparación: 9 minutos  Cocción: 40 minutos  2 cubetas

1 coliflor (800 g)

2 cucharadas de pasta de harissa

2 cucharadas de almendras fileteadas

2 cucharadas de semillas de sésamo

1 cucharada de semillas de comino

1 cucharadita de semillas de cilantro

100 g de cuscús integral

1 limón

½ manojo de menta (15 g)

½ manojo de perejil (15 g)

1 granada

4 cucharadas colmadas de yogur griego

1 Retirar la rejilla de las dos cubetas de la air fryer. Limpiar la coliflor, retirar las hojas exteriores más marchitas, cortarla en 6 cuñas y ponerla en la cubeta grande. Mezclarla con la harissa, 1 cucharada de aceite de oliva y una buena pizca de sal marina y pimienta negra. Cocinarla 40 minutos a 180 °C, dándole la vuelta a media cocción.

2 En la cubeta pequeña, cocinar las almendras con las semillas de sésamo, comino y cilantro durante 7 minutos a 180 °C o hasta que estén bien tostadas. Echarlas en un mortero con una pizquita de sal y machacarlas hasta que estén finas para hacer dukkah.

3 Poner el cuscús en un bol, rallar fina la piel del limón por encima, sazonar, verter agua hirviendo justo hasta cubrirlo, tapar y reservar. Deshojar y picar finas casi todas las hierbas aromáticas.

4 Pasados unos minutos, ahuecar el cuscús con un tenedor, añadir las hierbas picadas y exprimir el limón por encima. Partir la granada en dos y, sosteniendo con la mano una mitad con el corte hacia abajo, golpear el dorso con una cuchara para que los granos caigan en el bol del cuscús. Mezclarlo todo bien.

5 Extender el yogur en dos platos, poner el cuscús encima, añadir las cuñas de coliflor y echar por encima el aceite con harissa que haya quedado en la cubeta. Espolvorear por encima un poco de dukkah (lo que sobre se puede guardar para otra receta o utilizarse en las napolitanas de calabaza, página 87) y las hierbas aromáticas reservadas. Sosteniendo con la mano la otra mitad de la granada con el corte hacia abajo, golpear el dorso con una cuchara para que todos los granos caigan sobre la coliflor y darle así el toque final.

CALORÍAS	GRASAS	GR. SAT.	PROTEÍNAS	CARBOH.	AZÚCAR	SAL	FIBRA
549 kcal	25,2 g	4,9 g	23,1 g	61,9 g	18,4 g	0,6 g	13,4 g

Pescado al limón con patatas y salsa de espinacas

Para 2 personas | **Preparación: 10 minutos** |  **Cocción: 22 minutos** |  **2 cubetas**

400 g de patatas

20 g de queso cheddar

1 cucharadita de crema de rábano picante

2 cucharadas de crema agria

250 g de espinacas tiernas

½ manojo de eneldo (10 g)

1 limón

2 filetes gruesos de pescado blanco (de 130 g cada uno), sin piel ni espinas

1 Frotar las patatas para limpiarlas, cortarlas en dados de 1 cm, ponerlas en la cubeta grande de la air fryer y mezclarlas con 1½ cucharada de aceite de oliva y una pizca de sal marina y pimienta negra. Cocinarlas durante 20 minutos a 200 °C o hasta que estén doradas, sacudiendo la cubeta a media cocción.

2 Poner el queso, la crema de rábano picante, la crema agria, la mitad de las espinacas y casi todo el eneldo (tallos incluidos) en el vaso de la batidora con 50 ml de agua. Exprimir el zumo de un cuarto del limón, triturar hasta obtener una textura homogénea y sazonar al gusto. Retirar la rejilla de la cubeta pequeña, verter esta salsa y volver a colocar la rejilla.

3 Salpimentar los filetes de pescado y ponerlos en la cubeta pequeña. Cortar finas cuatro rodajas de limón, ponerlas encima del pescado, pulverizar con aceite y cocinarlo de 12 a 15 minutos a 170 °C o hasta que el pescado quede en su punto y la salsa esté caliente.

4 Volcar las patatas fuera de la cubeta grande e introducir el resto de las espinacas. Cocinarlas 2 minutos a 200 °C o hasta que se ablanden. Mientras, sacar el pescado de la cubeta pequeña para repartir la salsa entre los platos. Disponer el pescado, las patatas y las espinacas cocidas sobre la salsa. Echar por encima el eneldo reservado y terminar con un chorrito de aceite de oliva virgen extra si se desea.

CALORÍAS	GRASAS	GR. SAT.	PROTEÍNAS	CARBOH.	AZÚCAR	SAL	FIBRA
451 kcal	18,8 g	5,7 g	34,5 g	37,9 g	4,3 g	1,5 g	2,8 g

Salchichas con lentejas y pimientos

 **Para 2 personas**  **Preparación: 10 minutos**  **Cocción: 30 minutos, más cocción al vapor**  **2 cubetas**

3 pimientos de colores variados

1-2 guindillas rojas frescas

4 dientes de ajo grandes

4 salchichas

½ manojo de perejil (15 g)

250 g de lentejas de puy cocidas

1 Pinchar unas cuantas veces los pimientos y las guindillas con un cuchillo afilado, ponerlos en la cubeta grande de la air fryer, pulverizarlos con aceite de oliva y cocinarlos 30 minutos a 200 °C o hasta que estén tiernos y empiecen a chamuscarse, dándoles la vuelta a media cocción y añadiendo los dientes de ajo sin pelar. Dejarlo todo reposar en el vapor de la cubeta durante 5 minutos.

2 Hacer unos cortes profundos transversales a las salchichas en toda su longitud. Pulverizarlas con aceite y cocinarlas en la cubeta pequeña durante 20 minutos a 200 °C, o hasta que estén doradas y bien cocidas, sacudiendo la cubeta a media cocción.

3 Apretar los dientes de ajo asados sobre una tabla de cortar grande para extraer la pulpa, desechando las pieles. Cuando se hayan enfriado un poco, retirar la piel y las semillas de los pimientos y las guindillas y ponerlos en la tabla. Picarlo todo fino junto con el perejil (tallos incluidos, reservando algunas hojas bonitas), mezclándolo sobre la marcha. Recalentar las lentejas según las instrucciones del envase y mezclar con las verduras. Aliñar con 2 cucharadas de vinagre de vino tinto y 1 cucharada de aceite de oliva virgen extra, sazonar al gusto y repartir entre los platos.

4 Servir con las salchichas y adornar con las hojas de perejil reservadas. Está muy bueno acompañado de verduras al vapor o una ensalada.

Variaciones fáciles

También se pueden usar lentejas en conserva. Cuando la cubeta grande esté vacía, retirar la rejilla, escurrir las lentejas y verterlas dentro. Cocinarlas 5 minutos a 200 °C o hasta que estén bien calientes.

CALORÍAS	GRASAS	GR. SAT.	PROTEÍNAS	CARBOH.	AZÚCAR	SAL	FIBRA
580 kcal	36,5 g	12 g	24,4 g	39,9 g	14,9 g	1,4 g	15,8 g

Porque a todos nos gusta un canapé, sabrosos bocados para compartir con los amigos

Bonitos canapés

Tostadas de langostinos con sésamo

 **Para 8 unidades** **Preparación: 11 minutos**  **Cocción: 15 minutos** 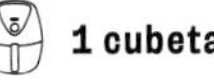 **1 cubeta**

- 2 rebanadas de pan blanco
- 2 cebolletas
- un trozo de jengibre de 2 cm
- 165 g de langostinos pelados crudos
- 1 cucharada de salsa de soja baja en sal
- 1 huevo mediano
- 2 cucharadas de semillas de sésamo tostadas

1 Poner el pan en la cubeta de la air fryer y cocinarlo 3 minutos a 200 °C o hasta que un lado se haya dorado. Tostarlo por tandas si es necesario.

2 Limpiar las cebolletas y cortarlas en rodajas finas, reservando las verdes para decorar. Pelar y picar fino el jengibre. Añadir los langostinos, rociar por encima la soja y picarlo todo junto hasta que quede bastante fino. Cascar el huevo encima y remover (o triturarlo todo en un robot de cocina si se prefiere).

3 Untar la mezcla de langostinos hasta los bordes en el lado del pan sin tostar, cortar cada rebanada en cuatro triángulos y esparcir por encima las semillas de sésamo. Disponer las tostadas en la cubeta, en tandas si es necesario, pulverizar con aceite de oliva y cocinarlas durante 12 minutos a 180 °C o hasta que estén doradas y bien cocidas.

4 Pasarlas a una fuente y esparcir por encima los aros de cebolleta reservados. Quedan muy bien acompañadas de salsa de guindilla dulce o el condimento que se prefiera para mojar.

CALORÍAS	GRASAS	GR. SAT.	PROTEÍNAS	CARBOH.	AZÚCAR	SAL	FIBRA
61 kcal	2,2 g	0,5 g	5,6 g	4,7 g	0,5 g	0,4 g	0,5 g

Caracolas de champiñones

 **Para 8 unidades**  **Preparación: 10 minutos**  **Cocción: 20 minutos** **2 cubetas**

150 g de champiñones portobello

1 diente de ajo

½ lámina (de 320 g) de hojaldre preparado

1 huevo

pimentón ahumado

25 g de queso cheddar

½ manojo de cebollino (10 g)

2 cucharadas de crema agria

1 Limpiar los champiñones, partiendo en cuartos los de mayor tamaño, ponerlos en la cubeta pequeña de la air fryer, pulverizar con aceite de oliva, mezclar para que se impregnen bien y cocinar durante 10 minutos a 180 °C. Pelar el ajo, cortarlo en rodajas finas, echarlo en la cubeta y cocinar otros 10 minutos a 180 °C o hasta que todo esté tierno y dorado.

2 Desenrollar la lámina de hojaldre, dejándola sobre el papel. Batir el huevo y pintar con él toda la superficie, espolvorear ligeramente con pimentón y una pizca de sal marina y pimienta negra, y rallar fino por encima el queso. Con ayuda del papel, ir enrollando el hojaldre desde uno de los lados cortos para formar un tronco.

3 Cortarlo en 8 círculos del mismo tamaño, apoyarlos sobre uno de los lados cortados y, con la palma de la mano, aplanarlos hasta formar discos de 6 cm de diámetro. Pintar con huevo la parte superior de cada uno. Pulverizar la rejilla de la cubeta grande con aceite, disponer las caracolas de hojaldre dentro a una distancia uniforme y cocinarlas 10 minutos a 200 °C o hasta que estén bien doradas.

4 Picar fino el cebollino. Pasar los champiñones y el ajo cocidos a la tabla de cortar, añadir casi todo el cebollino y picarlo fino todo junto, mezclándolo sobre la marcha. Agregar la crema agria y sazonar al gusto. Disponer la mezcla de champiñones sobre las caracolas de hojaldre y, antes de servir, espolvorear por encima el resto del cebollino.

Variaciones fáciles

En lugar de espolvorear pimentón sobre el hojaldre, se puede rociar extracto de levadura Marmite para obtener una versión de la clásica combinación británica de queso y Marmite. Sorprende lo bien que funciona con los champiñones.

CALORÍAS	GRASAS	GR. SAT.	PROTEÍNAS	CARBOH.	AZÚCAR	SAL	FIBRA
110 kcal	7,1 g	3,7 g	3,1 g	8,4 g	0,3 g	0,1 g	0,4 g

Frutos secos tostados con especias

Los frutos secos adquieren otra dimensión de sabores cuando se tuestan y se combinan con más ingredientes ricos. Si consigues el equilibrio entre dulce, salado y picante, vas por el buen camino. ¡Perfectos para picar!

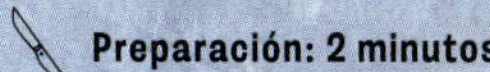
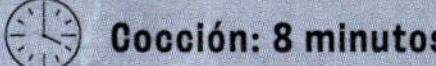
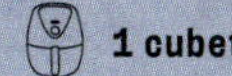

Mezclar **150 g de frutos secos variados sin cáscara y sin sal** con 1 cucharada de aceite de oliva, **1 cucharada de miel líquida o sirope de arce**, **½ cucharada de pimentón ahumado** y **una pizca generosa de cada de pimienta negra y pimienta de cayena**. Retirar la rejilla de la cubeta de la air fryer, echar dentro los frutos secos aliñados, sacudir la cubeta para formar una capa uniforme y cocinarlos 8 minutos a 165 °C o hasta que estén tostados y caramelizados, sacudiendo la cubeta a media cocción. Volcarlos sobre una hoja de papel de horno, espolvorear con una buena pizca de sal marina y dejar enfriar. Servir enseguida o guardarlos en un recipiente hermético para picar otro día.

Brochetas de langostinos de fiesta

 **Para 8 unidades** **Preparación: 10 minutos**  **Cocción: 8 minutos** 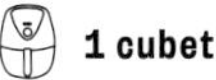 **1 cubeta**

2 rebanadas gruesas de pan de masa madre

165 g de langostinos pelados crudos

100 g de chorizo

2 pimientos asados en conserva grandes

4 ramitas de perejil

1 diente de ajo

pimentón ahumado

1 limón

1 Cortar 4 brochetas de madera por la mitad o utilizar brochetas de madera pequeñas si se tienen y ponerlas en remojo en agua fría para que no se quemen luego.

2 Cortar el pan en dados de 2 cm y ponerlos en un bol con los langostinos. Cortar el chorizo en rodajas finas, cortar los pimientos en tiras largas de 2 cm de grosor y añadirlo todo al bol. Deshojar el perejil y picarlo fino (tallos incluidos), añadir casi todo al bol, reservando algunas de las hojas picadas, pelar el ajo y rallarlo fino sobre el bol. Sazonar con una pizca de cada de pimentón y pimienta negra y 1 cucharada de aceite de oliva, y remover con cuidado.

3 Pinchar en 8 brochetas los langostinos, el pan y el chorizo, intercalándolos con las tiras de pimiento. Poner las brochetas en la cubeta de la air fryer y cocinarlas durante 8 minutos a 200 °C o hasta que se doren y los langostinos estén cocidos, dándoles la vuelta a media cocción.

4 Echar por encima el perejil reservado y servir con cuñas de limón.

CALORÍAS	GRASAS	GR. SAT.	PROTEÍNAS	CARBOH.	AZÚCAR	SAL	FIBRA
115 kcal	6,8 g	2,2 g	7,8 g	5,4 g	1,1 g	0,6 g	0,4 g

Queso horneado con miel

El queso saladito, el hormigueo de la guindilla o el pimentón y el dulzor de la miel casan a la perfección: la combinación de sabores y contrastes es fantástica. Y no te fíes de mi palabra: ¡haz la prueba! Marcará un antes y un después.

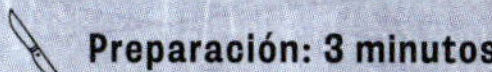
Preparación: 3 minutos  Cocción: 15 minutos 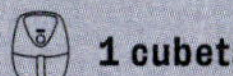 1 cubeta

Hacer unos cortes en diagonal en ambos sentidos en un trozo de **200 g de queso halloumi o feta**, llegando hasta la mitad. En una fuente refractaria pequeña en la que quepa justo el queso, mezclar **2 cucharadas de miel líquida** y **½ cucharadita de pimienta de Alepo o 1 cucharadita colmada de pimentón ahumado**. Frotar bien esta mezcla por todo el queso, impregnando bien los cortes. Poner la fuente en la cubeta de la air fryer y cocinarlo 15 minutos a 180 °C o hasta que esté tierno y caramelizado, regando el queso con los jugos a media cocción. Dejarlo reposar un momento para que se temple y servir. Está bueno tal cual con algo para picar, servido sobre tostadas o bien troceado en una ensalada de tomate, cebolla roja y menta.

Alitas de pollo con miso

 **Para 8 unidades**  **Preparación: 6 minutos**  **Cocción: 29 minutos** 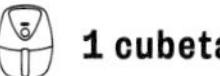 **1 cubeta**

8 alitas de pollo pequeñas

1 cucharada de pasta de miso

1 cucharada de miel líquida

1 cucharadita de vinagre de arroz

2 cebolletas

1 cucharada de semillas de sésamo tostadas

1 Poner las alitas en la cubeta de la air fryer y mezclarlas con 2 cucharadas de aceite de oliva y una pizca de sal marina y pimienta negra. Cocinarlas durante 25 minutos a 200 °C o hasta que estén bien cocidas, sacudiendo la cubeta a media cocción.

2 En un bol pequeño, mezclar el miso, la miel y el vinagre para preparar un glaseado. Limpiar las cebolletas y cortarlas en rodajas finas.

3 Untar las alitas con la mitad del glaseado y cocinarlas otros 4 minutos a 180 °C, o hasta que estén tostadas y caramelizadas. A media cocción, darles la vuelta y pintarlas con el resto del glaseado.

4 Pasar las alitas a una tabla de cortar o una fuente, echar por encima las semillas de sésamo y la cebolleta, ¡y a devorar! Para chuparse los dedos, literalmente.

CALORÍAS	GRASAS	GR. SAT.	PROTEÍNAS	CARBOH.	AZÚCAR	SAL	FIBRA
132 kcal	8,3 g	2,3 g	12,8 g	2,6 g	2,1 g	0,3 g	0,1 g

Pakoras de abadejo ahumado

 **Para 8 personas** **Preparación: 17 minutos**  **Cocción: 15 minutos** 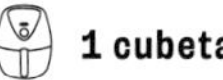 **1 cubeta**

1 lata (de 567 g) de patatas nuevas peladas

3 cucharaditas de curri en polvo

5 cucharadas de harina de garbanzos

1 cebolla roja pequeña

1 guindilla verde fresca

½ manojo de cilantro (15 g)

2 filetes de abadejo ahumado (de 140 g cada uno), sin espinas

½ manojo de menta (15 g)

100 g de yogur natural

1 limón

1 Escurrir las patatas, secarlas dándoles toques con papel de cocina y chafarlas en un bol grande con el curri y la harina de garbanzos. Pelar la cebolla y picarla fina, cortar la guindilla en rodajitas, picar casi todo el cilantro (tallos incluidos, reservando algunas hojas bonitas), picar fino el abadejo e ir añadiéndolo todo al bol.

2 Sazonar con sal marina y pimienta negra, mezclarlo todo bien y, con las manos limpias y húmedas, dividir la masa y formar 16 albóndigas de tamaño uniforme. Disponer las pakoras en la cubeta de la air fryer, en tandas si es necesario, pulverizar con aceite de oliva y cocinarlas durante 15 minutos a 200 °C o hasta que estén doradas y bien cocidas.

3 Mientras, deshojar casi toda la menta en un mortero (reservando algunas hojas pequeñas para decorar) y machacarla con una pizca de sal hasta obtener una pasta. Mezclar con el yogur y un buen chorro de zumo de limón, y sazonar al gusto. Pasarlo a un bol pequeño para mojar.

4 Esparcir las hojas de menta y cilantro por encima de las pakoras, y servir con unas cuñas de limón y el yogur a la menta, para ir mojando.

CALORÍAS	GRASAS	GR. SAT.	PROTEÍNAS	CARBOH.	AZÚCAR	SAL	FIBRA
133 kcal	1,8 g	0,4 g	13,3 g	15,8 g	2 g	1 g	1,8 g

Minibrochetas de salchicha

Las salchichas de cóctel son uno de esos ingredientes que quedan fantásticos en la air fryer: ricas, doraditas y perfectas para compartir un bocado rápido con los amigos.

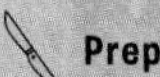 **Preparación: 6 minutos**  **Cocción: 17 minutos**  **1 cubeta**

Poner un cuchillo de lado y estirar y aplanar unas **lonchas de panceta ahumada**. A continuación, partirlas por la mitad. Pinchar un par de **salchichas de cóctel o salchichitas crudas** en un palillo (primero, ponerlos en remojo en agua fría para que no se quemen) con ½ loncha de panceta y **hojas de salvia** intercaladas. Disponer las minibrochetas en la cubeta de la air fryer y cocinarlas durante 15 minutos a 180 °C o hasta que estén doradas y bien cocidas, sacudiendo la cubeta a media cocción. Sacudirlas de nuevo bien, regarlas con **miel líquida**, cocinarlas 2 minutos más a 180 °C y servir.

Y si prefieres vegetariano...

Se elimina la panceta y se utilizan salchichas de cóctel vegetarianas y ¡listo!

Aceitunas rellenas

 **Para 16 unidades** | **Preparación: 14 minutos** |  **Cocción: 12 minutos** | 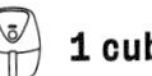 **1 cubeta**

6 filetes de anchoas en aceite

2 dientes de ajo

½ limón

4 ramitas de perejil

16 aceitunas verdes grandes españolas sin hueso, como Gordal

2 cucharadas de harina

1 huevo

75 g de pan blanco

pimentón ahumado

1 Poner las anchoas sobre la tabla de cortar, reservando el aceite. Pelar los dientes de ajo y echarlos a la tabla, rallar fina la piel del limón por encima, añadir la mitad de las hojas de perejil y todos los tallos, y picarlo fino todo junto, mezclándolo sobre la marcha (si se prefiere, se puede usar un robot de cocina pequeño).

2 Pasar con una cuchara este relleno a una bolsa de plástico con autocierre, cortar una esquina y usarla a modo de manga para ir rellenando las aceitunas. Luego, pasarlas por harina. Batir el huevo en un plato hondo. En un robot de cocina, triturar el pan con 1 cucharada del aceite reservado de las anchoas hasta obtener un pan rallado muy fino y extenderlo en un plato. Untar las aceitunas enharinadas en el huevo, dejando que escurra el sobrante, y pasarlas por el pan rallado hasta que estén bien cubiertas.

3 Disponer las aceitunas en la cubeta de la air fryer y cocinarlas durante 12 minutos a 180 °C o hasta que estén doradas y crujientes, sacudiendo la cubeta a media cocción y pulverizando un poco de aceite si fuera necesario. Picar finas las hojas de perejil reservadas y echarlas por encima junto con el pimentón. Servir con cuñas de limón.

Y si prefieres vegetariano...

La mezcla de anchoas se puede sustituir por un relleno de 50 g de tomates secos y utilizar el aceite del tarro de tomates para preparar el pan rallado.

CALORÍAS	GRASAS	GR. SAT.	PROTEÍNAS	CARBOH.	AZÚCAR	SAL	FIBRA
43 kcal	2,6 g	0,4 g	1,4 g	3,8 g	0,2 g	0,6 g	0,1 g

Rollitos de primavera con salsa de soja

 **Para 8 unidades**  **Preparación: 16 minutos**  **Cocción: 20 minutos** 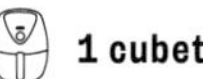 **1 cubeta**

20 g de setas deshidratadas

1 zanahoria mediana

2 cebolletas

1 diente de ajo

un trozo de jengibre de 2 cm

150 g de fideos de grosor medio listos para wok

1 cucharada de aceite de guindilla con sésamo y trozos de cacahuete

4 hojas de pasta filo

aceite de sésamo

1 cucharada de salsa de soja baja en sal

1 cucharadita de miel líquida

1 cucharada de vinagre de arroz

1 Cubrir las setas con 250 ml de agua hirviendo y dejar que se rehidraten. Lavar la zanahoria y rallarla gruesa, limpiar las cebolletas y cortarlas en rodajas finas, reservando las rodajas verdes, y pelar y rallar finos el ajo y el jengibre. Poner todos los ingredientes en un bol junto con los fideos.

2 Sacar las setas, reservando el agua del remojo, estrujarlas para eliminar el máximo de líquido posible, picarlas finas e incorporarlas a la mezcla del bol junto con el aceite de guindilla y una pizca de sal marina.

3 A buen ritmo, cortar cada hoja de pasta filo por la mitad a lo ancho, untarla con un poco de aceite de sésamo y repartir la mezcla de fideos en la parte inferior de cada tira. Doblar los extremos de cada rollito hacia dentro, enrollarlos y pintarlos de nuevo con aceite de sésamo.

4 Disponer los rollitos en la cubeta de la air fryer y cocinarlos durante 20 minutos a 180 °C o hasta que estén dorados y crujientes, trabajando en tandas si es necesario.

5 Mientras, verter 100 ml del líquido de remojo de las setas en una sartén antiadherente pequeña, desechando el resto. Agregar la soja y la miel y reducirlo todo a fuego alto en la placa hasta obtener la consistencia de una salsa para mojar; el líquido de remojo de las setas realzará increíblemente el sabor de la salsa. Incorporar el vinagre de arroz y los aros de cebolleta reservados, y verter la salsa en un bol pequeño. Servirla con los rollitos de primavera.

CALORÍAS	GRASAS	GR. SAT.	PROTEÍNAS	CARBOH.	AZÚCAR	SAL	FIBRA
108 kcal	4,4 g	0,6 g	3,1 g	14,4 g	2 g	0,4 g	1,6 g

Sí, es cierto: ¡con la air fryer también se puede hornear! Tienes que probar estas recetas...

Como en el horno

Scones de cheddar y cebollino

 **Para 6 personas**  **Preparación: 16 minutos**  **Cocción: 12 minutos**  **1 cubeta**

200 g de harina con levadura, y un poco más para espolvorear

1 cucharadita de levadura

1 cucharadita de mostaza inglesa en polvo

pimienta de cayena

75 g de mantequilla sin sal fría

120 g de queso cheddar madurado

1 manojo de cebollino (20 g)

70 ml de leche, y un poco más para pintar

200 g de queso crema ligero

½ limón

1 Tamizar la harina sobre un bol junto con la levadura y la mostaza inglesa, y añadir una pizca generosa de cada de pimienta de cayena y sal marina. Cortar la mantequilla en dados, añadirla al bol y frotarla entre los dedos junto con la harina hasta obtener trocitos del tamaño de copos de maíz.

2 Rallar grueso 100 g de cheddar, picar fino el cebollino, añadir ambos al bol y mezclarlo bien. Hacer un hueco en el centro, verter la leche y amasar hasta obtener una masa suave y seca, agregando un chorrito de leche si hiciera falta. Usar las manos si fuera necesario, pero no amasar en exceso la mezcla.

3 Volcar la masa sobre una superficie enharinada y trabajarla rápidamente hasta obtener un círculo de 3 cm de grosor. Luego, cortarla en 6 cuñas triangulares. Pintar ligeramente la parte superior con leche, rallar por encima el resto del queso y espolvorear un poco de cayena.

4 Untar la rejilla de la air fryer con un poco de aceite de oliva y precalentar a 180 °C durante 2 minutos. Colocar los scones y cocinarlos 12 minutos o hasta que se doren, en tandas si es necesario.

5 Mezclar el queso crema con unas cuantas ralladuras de limón, sazonar con pimienta negra y añadir un chorrito de aceite de oliva virgen extra si se desea. Servir con los scones calientes. Quedan muy bien con una ensalada de berros, endivia, manzana y nueces.

CALORÍAS	GRASAS	GR. SAT.	PROTEÍNAS	CARBOH.	AZÚCAR	SAL	FIBRA
368 kcal	24 g	13,7 g	11,4 g	28,3 g	2,9 g	1,1 g	1,3 g

Pan de soda con queso a las hierbas

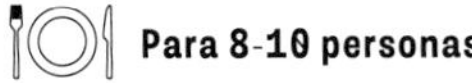 Para 8-10 personas  Preparación: 16 minutos  Cocción: 30 minutos 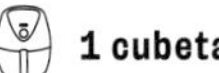 1 cubeta

250 g de harina integral

200 g de harina, y un poco más para espolvorear

50 g de copos de avena, y un poco más para decorar

1 cucharadita colmada de bicarbonato de soda

4 ramitas de romero

1 huevo grande

300 g de suero de leche o yogur natural

100 g de queso red leicester o cheddar

1. En un bol grande, mezclar las dos harinas, los copos de avena, el bicarbonato y 1 cucharadita rasa de sal marina. Deshojar el romero, picarlo fino e incorporar casi todo a la mezcla, reservando el resto.

2. Formar un volcán en el centro, cascar el huevo, añadir el suero de leche y empezar a mezclarlo con un tenedor. Ir incorporando poco a poco la harina de alrededor y, con las manos limpias y ligeramente enharinadas, formar una masa.

3. Cortar el queso en trozos, incorporarlos a la masa y darle forma de bola. Con las manos limpias y untadas de aceite, aplastarla hasta formar un disco de unos 3 cm de grosor. Esparcir por encima algunos copos de avena y un poco de sal marina, y darles toques para que se peguen a la masa. Hacer unos cortes profundos en la superficie en ambos sentidos y luego, con cuidado, poner el pan en la cubeta de la air fryer y cocinarlo 20 minutos a 180 °C.

4. Mezclar el romero picado reservado con 1 cucharadita de aceite de oliva, echarlo por encima del pan y cocinarlo otros 10 minutos a 180 °C o hasta que se forme una corteza firme y el pan suene hueco al darle unos golpes en la base.

5. Pasarlo a una rejilla metálica y servirlo caliente.

CALORÍAS	GRASAS	GR. SAT.	PROTEÍNAS	CARBOH.	AZÚCAR	SAL	FIBRA
286 kcal	7,3 g	3,3 g	12,3 g	45,9 g	3 g	1,5 g	4,1 g

Muffins de reserva en el congelador

Para 12 unidades | **Preparación: 10 minutos, más congelación** | **Cocción: 22 minutos** | 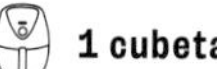

300 g de harina con levadura

100 g de azúcar moreno

175 ml de leche semidesnatada

175 ml de aceite de oliva

1 huevo

1 cucharadita de cardamomo molido o mezcla de especias (pimienta de Jamaica, canela, clavo, nuez moscada y jengibre)

175 g de zanahorias

100 g de chocolate blanco

100 g de copos de avena

1 Forrar con moldes de papel una bandeja para magdalenas con 12 agujeros, que luego congelaremos; la idea es preparar una tanda entera de muffins y congelarlos para hornearlos cuando haga falta, según las apetencias.

2 En un robot de cocina, triturar la harina, el azúcar, la leche, el aceite, el huevo, el cardamomo (o la mezcla de especias, que puedes preparar con alguna receta de internet) y una pizquita de sal marina hasta que quede uniforme. Pelar la zanahoria, rallarla más bien gruesa y añadirla al robot junto con el chocolate troceado y los copos de avena. Seguir triturando con pulsaciones breves hasta que el chocolate se haya deshecho en pepitas, para que los muffins conserven algo de textura.

3 Repartir la masa entre los moldes de papel, taparlos y meter la bandeja entera en el congelador, donde se conservarán, tapados, hasta 3 meses. Una vez se hayan congelado, es recomendable pasar los muffins a una bolsa para que sea más fácil almacenarlos.

4 Para hornear un muffin, solo hay que sacarlo del congelador, meterlo directo en la air fryer y cocinarlo 22 minutos a 165 °C o hasta que esté dorado y al introducir un pincho salga limpio. Dejarlo enfriar sobre una rejilla y ¡a comer!

¿Hay hambre?

Si se quiere cocinar un muffin antes de congelarlo, solo hay que meter el papel con la masa en una taza refractaria o un ramequín para que no pierda la forma y cocinarlo en la air fryer durante 14 minutos a 165 °C.

CALORÍAS	GRASAS	GR. SAT.	PROTEÍNAS	CARBOH.	AZÚCAR	SAL	FIBRA
337 kcal	18,8 g	4 g	4,9 g	40 g	15,1 g	0,3 g	1,9 g

Berlinas buenísimas

Para 4 personas | Preparación: 15 minutos, más refrigeración y leudado |  Cocción: 14 minutos |  1 cubeta

2 huevos grandes

200 g de harina, y un poco más para espolvorear

50 g de azúcar extrafino

½ sobre de 7 g de levadura en polvo

90 g de mantequilla sin sal a punto de pomada

1 pizca de canela molida

4 cucharadas de la mermelada que se prefiera, como fresa, frambuesa, albaricoque, moras

1 Cascar los huevos en un robot de cocina, añadir la harina, ½ cucharada de azúcar, la levadura y una pizca de sal marina, y batir hasta obtener una bola pegajosa de masa. De cucharada en cucharada, incorporar 50 g de mantequilla a la mezcla batiendo de manera intermitente, y asegurarse de que cada cucharada está incorporada antes de añadir más. Esto ayuda a enriquecer la masa. Espolvorearla ligeramente con harina, darle forma de bola, ponerla en un bol limpio, taparla y dejarla reposar en la nevera al menos 2 horas, a ser posible toda la noche.

2 Dividir la masa en 4 porciones iguales sobre una superficie de trabajo limpia y formar bolas con ellas. Pasarlas a una bandeja forrada con papel de horno y dejarlas reposar en un lugar cálido 1 hora o hasta que dupliquen su tamaño.

3 Con cuidado, meter las berlinas en la cubeta de la air fryer y cocinarlas 10 minutos a 180 °C o hasta que estén bien doradas y esponjosas, y retirar.

4 Para la cobertura, derretir la mantequilla restante en un bol refractario en la air fryer durante 4 minutos a 180 °C. Mezclar el azúcar y la canela restantes en un plato hondo. De una en una, pasar las berlinas calientes primero por la mantequilla y luego por el azúcar. Cuando se hayan enfriado, partirlas en dos y extender una cucharada de mermelada en el centro de cada una. Tremendo.

Y si sois muchos...

Si hay más comensales, solo hay que duplicar cantidades y cocinar las berlinas en dos tandas para obtener los mejores resultados.

CALORÍAS	GRASAS	GR. SAT.	PROTEÍNAS	CARBOH.	AZÚCAR	SAL	FIBRA
465 kcal	22,3 g	12,6 g	8,7 g	60,8 g	20,9 g	0,1 g	1,8 g

Sándwiches de galleta con menta y chocolate

 **Para 8 personas**  **Preparación: 10 minutos, más refrigeración**  **Cocción: 37 minutos**  **1 cubeta**

1 barrita de chocolate (de 145 g) de Aero de menta

150 g de queso crema (que no sea desnatado)

85 g de mantequilla sin sal

200 g de harina con levadura

100 g de azúcar extrafino

3 cucharadas de cacao en polvo

½ cucharadita de bicarbonato de soda

100 g de chips de chocolate negro o con leche

2 huevos medianos

1 Para elaborar el relleno, trocear 120 g de Aero en un bol refractario y derretirlo en la air fryer durante 3 minutos a 170 °C. Luego, remover hasta que quede homogéneo e incorporar el queso crema. Tapar y dejar reposar en la nevera durante al menos 1 hora hasta que quede firme.

2 Derretir la mantequilla en un bol refractario durante 4 minutos a 170 °C. En un bol grande, mezclar la harina, el azúcar, el cacao y el bicarbonato, y a continuación agregar los chips de chocolate, la mantequilla derretida y luego los huevos hasta que se incorpore todo bien. Con las manos húmedas, formar 16 bolitas y ponerlas en una bandeja de horno forrada, apretándolas ligeramente para que se aplanen.

3 Forrar la rejilla de la air fryer con una hoja de papel de horno. Colocar de 4 a 6 galletas en la cubeta, procurando que quede 1 cm de distancia entre ellas. Cocinarlas 10 minutos a 170 °C (12 minutos si estaban refrigeradas o 15 minutos si estaban congeladas). Luego, con ayuda del papel de horno, pasar las galletas a una rejilla para que se enfríen y repetir el proceso.

4 Cuando las galletas se hayan enfriado del todo, hacer los sándwiches: poner un poco de relleno sobre la base de una de ellas, desmigar un poco del Aero restante y poner otra galleta encima.

Planifica con tiempo

Si no se van a cocinar al momento, tapar las galletas crudas y guardarlas en la nevera hasta 2 días o en el congelador hasta 3 meses, listas para cocinarlas cuando se desee. Si no, una vez cocinadas, pueden guardarse hasta 3 días en un recipiente hermético a temperatura ambiente. El relleno puede conservarse en la nevera, listo para cuando se quieran preparar los sándwiches.

CALORÍAS	GRASAS	GR. SAT.	PROTEÍNAS	CARBOH.	AZÚCAR	SAL	FIBRA
451 kcal	25 g	15,1 g	6,7 g	52,2 g	32,6 g	0,6 g	1,9 g

Los sándwiches de galleta... ¡todo un mundo!

Aunque la menta con chips de chocolate es una combinación fantástica (ver página 181), los sándwiches de galleta ofrecen infinitas posibilidades; ¡solo hay que dejar volar la imaginación! ¿Qué combinaciones te gustan?

A continuación te doy algunas ideas...

- Sustituye la barrita de Aero por chocolate blanco y ralladura de naranja.
- Pon una bola de tu helado favorito entre galleta y galleta.
- Machaca frambuesas congeladas y mézclalas con yogur griego. ¡Qué contraste!
- Úntalas con la cobertura para tostadas que prefieras, como mermelada, crema de galleta o crema de chocolate y avellanas.

Galletas de mantequilla y jengibre

 **Para 12 unidades** **Preparación: 10 minutos, más refrigeración**  **Cocción: 16 minutos** 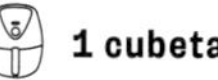 **1 cubeta**

150 g de mantequilla sin sal a punto de pomada

200 g de harina

50 g de azúcar extrafino

50 g de jengibre en almíbar

50 g del chocolate que se prefiera

1 En un bol, frotar la mantequilla, la harina, el azúcar y una pizca de sal marina con los dedos para combinarlo. A continuación, picar fino el jengibre y añadirlo.

2 Formar una bola de masa y estirarla hasta obtener un tronco largo, envolverlo en papel de horno y retorcer los extremos para sellarlo. Dejar que se ponga firme en la nevera durante al menos 20 minutos.

3 Cuando esté firme, cortar el tronco en 12 círculos del mismo tamaño. En este punto, se pueden cocinar tantas galletas como se quiera, trabajando por tandas si es necesario, y congelar el resto para hornearlas otro día; solo hay que envolverlas en papel de horno para evitar que se peguen unas a otras.

4 Para cocinarlas, forrar la cubeta de la air fryer con una hoja de papel de cocina, disponer encima de manera uniforme todas las galletas que se quieran y hornearlas 14 minutos a 170 °C (si estaban congeladas, 17 minutos) o hasta que estén doradas. Pasarlas a una rejilla, espolvorear por encima un poco más de azúcar, si se desea, y dejar que se enfríen del todo.

5 Trocear el chocolate en un bol refractario y derretirlo en la air fryer durante 2 minutos a 170 °C, remover hasta que quede homogéneo y rociar por encima de las galletas frías.

CALORÍAS	GRASAS	GR. SAT.	PROTEÍNAS	CARBOH.	AZÚCAR	SAL	FIBRA
207 kcal	13,4 g	8,4 g	2,3 g	19,8 g	6,8 g	0 g	1,2 g

Un abanico de recetas dulces de lo más deliciosas y para todos los gustos

El buen postre

Vasitos de chocolate con cerezas

 **Para 6 personas**  **Preparación: 10 minutos**  **Cocción: 14 minutos, y algo más para enfriar**  **1 cubeta**

150 g de chocolate negro (70%)

100 g de mantequilla sin sal

150 g de azúcar extrafino

3 huevos grandes

1 tarro pequeño de cerezas al kirsch

6 cucharaditas de crème fraîche, para servir

1 Partir el chocolate, ponerlo en un bol que resista el calor, agregar la mantequilla en dados y una pizca de sal marina, y derretirlo en la air fryer durante 2 o 3 minutos a 160 °C. Retirarlo con cuidado (¡el bol estará caliente!) y remover para mezclarlo bien.

2 En un bol aparte, batir el azúcar y los huevos hasta que esté espumoso y, sin dejar de batir, verter la mezcla de chocolate e incorporarla. Repartir la mezcla entre 6 tacitas de té o ramequines y, con cuidado, meter algunas cerezas en cada una. Verter el resto de las cerezas, incluido el líquido de la conserva, en un cazo y reservar.

3 Poner las tacitas en la air fryer –en tandas si fuera necesario– y cocinar durante 12 minutos a 160 °C. Sacarlas con cuidado y dejarlas reposar al menos 15 minutos antes de servir. Como mejor quedan es si se dejan enfriar a temperatura ambiente; si están calientes quedan demasiado líquidas, y si se meten en la nevera estarán demasiado firmes. Antes de servir, poner el cazo con las cerezas a fuego medio en la placa, reducir el sirope de cerezas hasta que esté lo bastante espeso para rociarlo y retirar. Servir los vasitos de chocolate con las cerezas extra y el sirope reducido, una cucharadita de crème fraîche y una ralladura extra de chocolate si se desea.

El congelador es el rey

Los vasitos de chocolate que no se cocinen pueden taparse y congelarse para otro día; se conservarán sin problemas hasta 3 meses. Luego, solo hay que sacarlos del congelador, cocinarlos 18 minutos a 160 °C y dejarlos reposar como se indica en el paso 3 antes de servir.

CALORÍAS	GRASAS	GR. SAT.	PROTEÍNAS	CARBOH.	AZÚCAR	SAL	FIBRA
449 kcal	31,3 g	18,3 g	6,3 g	36,3 g	33,8 g	0,1 g	3,3 g

Melocotones con aliño

 **Para 4 personas**  **Preparación: 7 minutos**  **Cocción: 10 minutos** 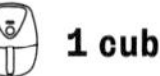 **1 cubeta**

4 melocotones maduros

50 g de frambuesas

½ lima

1 ramita grande de albahaca

1 cucharada colmada de azúcar superfino

1 Partir los melocotones por la mitad, retirar el hueso, ponerlos con el corte hacia abajo en la cubeta de la air fryer y cocinarlos 10 minutos a 200 °C o hasta que estén blandos. Cuando se hayan enfriado un poco, pellizcar las pieles para quitarlas.

2 En un bol, chafar un poco las frambuesas con un tenedor, incorporar el zumo de la lima e introducir los melocotones para que se impregnen. Se pueden tomar tal cual, templados, o taparlos y meterlos en la nevera para que se enfríen, donde se conservarán hasta 3 días.

3 Deshojar la albahaca y frotar las hojas entre los dedos con el azúcar. Esparcir esta albahaca azucarada por encima de los melocotones antes de servir. Está muy rico acompañado de helado, merengue y yogur, o con requesón endulzado.

CALORÍAS	GRASAS	GR. SAT.	PROTEÍNAS	CARBOH.	AZÚCAR	SAL	FIBRA
51 kcal	0,1 g	0 g	0,9 g	12,6 g	11,8 g	0 g	1 g

Tarta Tatin de piña

 **Para 4 personas**  **Preparación: 7 minutos**  **Cocción: 39 minutos** 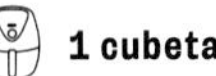 **1 cubeta**

20 g de almendras fileteadas

425 g de rodajas de piña en su jugo

1 trozo de jengibre en almíbar y 4 cucharadas del almíbar de la conserva

½ lámina (de 320 g) de hojaldre preparado

20 g de coco rallado

4 bolas de helado de vainilla

1 Retirar la rejilla de la cubeta de la air fryer, esparcir dentro las almendras, cocinarlas durante 4 minutos a 190 °C o hasta que empiecen a dorarse y retirarlas.

2 Escurrir la piña (guardar el almíbar para aliños o marinadas) y disponer las rodajas en la base de la cubeta, superponiéndolas y cortándolas si fuera necesario para que quepan hasta los bordes. Regarlas con 2 cucharadas del almíbar de la conserva de jengibre. A continuación, cortar en palitos el trozo de jengibre en almíbar y esparcirlos por encima. Cocinarlo 20 minutos a 200 °C.

3 Extender con cuidado la lámina de hojaldre hasta que tenga el tamaño de la cubeta. Dar la vuelta a los trozos de piña con unas pinzas, colocar el hojaldre encima, doblando y metiendo los bordes hacia dentro con cuidado. Cocinarlo 15 minutos a 200 °C o hasta que el hojaldre haya subido y esté bien dorado.

4 Justo antes de que se cumpla el tiempo, echar el coco en un plato hondo y pasar cada bola de helado para rebozarlas. Con cuidado pero con confianza, darle la vuelta a la tarta Tatin de la cubeta a una tabla de cortar. Rociar por encima las 2 cucharadas del almíbar del jengibre restantes, esparcir las almendras tostadas, cortar la tarta en 4 porciones y coronar cada una con una bola del helado rebozado con coco.

CALORÍAS	GRASAS	GR. SAT.	PROTEÍNAS	CARBOH.	AZÚCAR	SAL	FIBRA
390 kcal	20,5 g	11,1 g	6,2 g	45,2 g	27,4 g	0,2 g	2,5 g

Sensacionales s'mores

Para darse el capricho por excelencia... ¡sin tener que encender una hoguera! A mi hijo River le chiflan. ¡Más vale que no se entere de lo fáciles que son de hacer en la air fryer! Solo recomendados en caso de tener autocontrol...

 **Preparación: 1 minutos**  **Cocción: 3 minutos**  **1 cubeta**

Si se prepara un solo s'more, cortar un círculo de papel de horno; si se hacen varios, forrar toda la cubeta de la air fryer. Colocar en el interior las **galletas normales que se prefieran** –las digestivas, marías, de jengibre o de avena funcionan muy bien– y poner encima **2 malvaviscos de tamaño normal o 1 grande**. Cocinar 2 minutos a 180 °C, abrir la cubeta y poner una onza de **chocolate negro (70%) o con leche** encima de cada malvavisco derretido. Cerrar la cubeta y dejarlo 15 segundos para que el chocolate se ablande con el calor residual. Luego, taparlo con otra galleta, darle la vuelta, dejarlo 1 minuto más ¡y a por él!

Manzanas rellenas con natillas

 Para 4 personas  Preparación: 13 minutos  Cocción: 25 minutos 1 cubeta

4 manzanas pequeñas

25 g de fruta deshidratada variada

25 g de jengibre en almíbar

25 g de almendras fileteadas

25 g de azúcar demerara

1 pizca de canela molida

50 g de mantequilla sin sal a punto de pomada

4 rebanadas pequeñas de pan de frutas o brioche

400 g de natillas en tarrina

1 Dejar cada manzana entera y, con un descorazonador o un cuchillito afilado, quitar y desechar los corazones. Luego, con el cuchillo, hacer un par de cortes por enmedio, llegando casi hasta el centro de la manzana.

2 Picar finamente la fruta deshidratada y el jengibre, pasarlo a un bol, añadir las almendras, el azúcar, la canela y la mantequilla y, con las manos limpias, mezclarlo y amasarlo todo bien. Rellenar con esta mezcla las manzanas y reservar lo que sobre.

3 Disponer de manera uniforme las rebanadas de pan de frutas en la cubeta de la air fryer y colocar una manzana rellena sobre cada una. Cocinar 15 minutos a 160 °C.

4 Con una cuchara, poner sobre cada manzana el relleno sobrante y cocinarlas otros 10 minutos a 160 °C o hasta que estén tiernas y doradas. Servir con natillas frías o calientes y ¡a disfrutar!

CALORÍAS	GRASAS	GR. SAT.	PROTEÍNAS	CARBOH.	AZÚCAR	SAL	FIBRA
399 kcal	17,1 g	8,5 g	7,3 g	55,4 g	37,8 g	0,4 g	3,8 g

Crumble de pera y moras

 **Para 6 personas** **Preparación: 12 minutos**  **Cocción: 50 minutos**  **1 cubeta**

4 peras maduras

2 manzanas

2 trozos de jengibre en almíbar

300 g de moras

100 g de mantequilla sin sal fría

1 naranja grande

100 g de copos de avena

60 g de azúcar demerara

1 pizca de canela molida

100 g de copos de maíz de desayuno

1 Cortar las peras y las manzanas en seis trozos, desechando los corazones. Picar fino el jengibre. Retirar la rejilla de la air fryer, poner las peras, las manzanas, las moras y el jengibre en la cubeta con una nuez de mantequilla, el zumo y la ralladura de la naranja, y 2 cucharadas del almíbar del tarro de jengibre. Mezclarlo todo y cocinarlo 40 minutos a 180 °C o hasta que la fruta esté tierna, removiendo a media cocción.

2 Mientras, poner los copos de avena en un bol, añadir el resto de la mantequilla cortada en dados y frotarlo todo con los dedos para amasarlo. Agregar el azúcar y la canela, añadir los copos de maíz estrujándolos y mezclar bien.

3 Esparcir la mezcla de crumble por encima de la fruta y cocinarlo otros 10 minutos a 180 °C o hasta que esté dorado y burbujee, y emplatarlo directamente desde la cubeta. Está muy bueno acompañado de natillas, crème fraîche o helado.

CALORÍAS	GRASAS	GR. SAT.	PROTEÍNAS	CARBOH.	AZÚCAR	SAL	FIBRA
378 kcal	15,6 g	9 g	4,3 g	58,7 g	32,1 g	0,2 g	5,3 g

Postre en tres capas

Para 6 personas | Preparación: 9 minutos | Cocción: 15 minutos, más reposo | 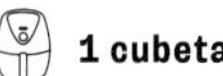

mantequilla sin sal, para engrasar

150 g de panettone o brioche en rebanadas

1 cucharada de jerez dulce o sirope de flor de saúco

500 g de fresas maduras

125 g de azúcar extrafino

25 g de almendras fileteadas

50 g de chocolate negro

2 huevos grandes

1 Retirar la rejilla de la cubeta de la air fryer, untar el interior de la cubeta con mantequilla y forrarla con una hoja de papel de horno (humedecerla y arrugarla en una bola antes), con cuidado de que no quede cerca de la resistencia de la air fryer. Cubrir la base con el panettone y rociar el jerez por encima.

2 Limpiar y cortar en rodajas las fresas, mezclarlas con 25 g de azúcar y disponerlas en una capa por encima. Esparcir las almendras, trocear el chocolate, repartirlo por la cubeta y cocinar 10 minutos a 180 °C.

3 Separar las yemas de las claras. Poner las claras en un bol (guardar las yemas en la nevera para otra receta), añadir una pizca de sal marina y montarlas a punto de nieve; si se tiene, utilizar una batidora de varillas eléctrica. Sin dejar de batir, incorporar gradualmente los 100 g de azúcar restantes hasta que se hayan integrado y quede brillante. Luego, echar el merengue a cucharadas en la cubeta, formando picos con el dorso de la cuchara.

4 Cocinarlo 5 minutos a 190 °C o hasta que se dore. Luego, retirar la cubeta y dejarlo reposar entre 15 minutos y 1 hora (en función de si se quiere tomar templado).

5 Sacar el pastel de la cubeta con ayuda del papel de horno, cortarlo en porciones, emplatarlo y ¡a comer! Queda perfecto con natillas frías o calientes: ¡tú eliges!

Variaciones fáciles

Yo he utilizado fresas, pero también funcionarán bien frambuesas, arándanos, moras o cualquier otro fruto rojo de temporada.

CALORÍAS	GRASAS	GR. SAT.	PROTEÍNAS	CARBOH.	AZÚCAR	SAL	FIBRA
277 kcal	9,6 g	4,6 g	5,1 g	43,4 g	34,5 g	0,2 g	5,3 g

Alaska de melocotón

Para 4 personas **Preparación: 12 minutos, más congelación**  **Cocción: 14 minutos, más reposo**  **1 cubeta**

2 bolas grandes de un buen helado de vainilla

1 puñado de avellanas sin sal

2 huevos grandes

100 g de azúcar extrafino

1 panecillo de Pascua (hot cross bun)

jerez o sirope de flor de saúco, para rociar

2 cucharadas de crema de cacao y avellanas

200 g de melocotón en almíbar cortado en cuñas

1 Formar 2 bolas de helado de buen tamaño y volver a meterlas en el congelador hasta que estén bien sólidas. Poner las avellanas en la cubeta de la air fryer, cocinarlas 4 minutos a 190 °C o hasta que empiecen a dorarse y sacarlas.

2 Separar las yemas de las claras y poner las claras en un bol o en el vaso de un robot mezclador con varillas (guardar las yemas en la nevera para otra receta). Añadir una pizquita de sal marina y montar las claras a punto de nieve. Luego, sin dejar de batir, incorporar gradualmente el azúcar hasta que se haya integrado y quede brillante.

3 Partir el panecillo por la mitad y ponerlo sobre dos círculos de papel de horno. Rociar un poco de jerez sobre los lados cortados y untar por encima la crema de cacao. Escurrir los melocotones, secarlos bien dándoles toques con papel de cocina y repartirlos entre los dos panes.

4 Para el primer Alaska, coronar uno de los panes con una bola de helado. Luego, echar la mitad del merengue por encima con una cuchara o una manga pastelera, formando bonitos picos; hay que asegurarse de que el helado y el panecillo quedan bien recubiertos.

5 Con cuidado, pasar el Alaska a la cubeta, incluido el círculo de papel, y cocinarlo 5 minutos a 190 °C o hasta que el merengue esté dorado.

6 Retirar y dejar reposar 1 o 2 minutos para que el merengue se vuelva un poco crujiente. Machacar o picar gruesas las avellanas y esparcirlas por encima. A continuación, cortarlo en porciones y servirlo enseguida, para compartir. Repetir los pasos 4 a 6 para preparar el segundo Alaska.

¿Te ha gustado esta receta? En la página siguiente te doy otras dos ideas deliciosas que puedes probar...

CALORÍAS	GRASAS	GR. SAT.	PROTEÍNAS	CARBOH.	AZÚCAR	SAL	FIBRA
312 kcal	9,8 g	3,1 g	5,5 g	47,5 g	42,5 g	0,2 g	1,7 g

Alaska de albaricoque

Helado con ondas de frutos rojos, una mezcla de frutas y frutos secos picados, pan de frutas, brandy, mermelada de frambuesa y albaricoques en almíbar

Alaska de mandarina

Helado de chocolate, piñones tostados, panettone, Cointreau, mermelada y mandarinas en almíbar

Tarta de queso y vainilla en capas

 **Para 8 personas**  **Preparación: 9 minutos**  **Cocción: 24 minutos, y algo más para enfriar** 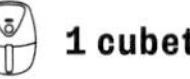 **1 cubeta**

mantequilla sin sal, para engrasar

600 g de queso crema (que no sea desnatado)

150 g de azúcar glas, y un poco más para espolvorear

3 cucharaditas de pasta de vainilla

3 huevos grandes

35 g de harina

100 g de chocolate negro (70%)

½ naranja normal o sanguina

1 cucharada de miel líquida

200 g de frambuesas

1 Comprobar que un molde de tarta plano desmontable de 18 cm cabe en la air fryer, engrasarlo ligeramente y forrar la base con papel de horno.

2 Batir el queso crema en un bol grande para que se ablande un poco, tamizar el azúcar sobre el bol, agregar la vainilla y batirlo hasta que quede incorporado. Añadir los huevos de uno en uno, batiendo bien cada vez. Tamizar la harina sobre el bol y batir de nuevo.

3 Verter un tercio de la mezcla en el molde forrado, sacudirlo un poco para que se reparta bien, poner el molde en la cubeta y cocinarlo 10 minutos a 200 °C.

4 A continuación, trocear por encima la mitad del chocolate y verter la mitad de la masa restante, alisando los bordes con una espátula. Cocinarlo 7 minutos a 200 °C.

5 Después, trocear el resto del chocolate y verter la masa que queda, de nuevo alisando los bordes. Cocinar 7 minutos más a 200 °C, sacar el molde de la cubeta y dejar enfriar a temperatura ambiente o bien enfriar en la nevera.

6 Para elaborar la salsa, echar el zumo de la naranja en un bol, añadir la miel y la mitad de las frambuesas, y chafarlo todo bien. Justo antes de servir, añadir enteras las demás frambuesas. Pasar un cuchillo por el borde del molde para soltar la tarta de queso, sacarla del molde, cortarla en porciones y servir con la salsa de frambuesas.

CALORÍAS	GRASAS	GR. SAT.	PROTEÍNAS	CARBOH.	AZÚCAR	SAL	FIBRA
413 kcal	26,5 g	17 g	7,6 g	37,6 g	33,3 g	0,5 g	2,3 g

Cocina sostenible y notas sobre cocina

Apostar por la calidad y los productos de temporada

Usar ingredientes de calidad se reflejará en el éxito de las recetas. He intentado reducir al mínimo los ingredientes, lo que es una buena excusa para comprar lo mejor que encuentres, ya sea verduras, carne o pescado. Si compras los productos de temporada, tu comida será más rica y más asequible. En cuanto a las frutas y verduras, lávalas bien antes de empezar a cocinar, sobre todo si las usas crudas. Donde más se nota la calidad es en tomates en lata, salchichas, queso, alubias y garbanzos, aceite de guindilla con sésamo y trozos de cacahuete, sal marina, miel y chocolate.

Hablemos del pescado y el marisco

El pescado y el marisco son una fuente de proteínas deliciosa, pero desde el mismo momento en que se pescan, su calidad empieza a disminuir; por tanto, procura que entre la compra y el consumo transcurra el menor tiempo posible. No aconsejo guardarlos en el frigorífico durante días; en ese caso, es mejor comprarlos congelados. Mi recomendación es planificar las comidas con pescado y marisco en función de los días en los que vas a comprar. Siempre que puedas, elige pescados procedentes de la pesca sostenible certificada (etiqueta azul MSC) o pide consejo en tu pescadería. Ve variando las opciones y escoge pescados de temporada y sostenibles. Si solo encuentras pescado de piscifactoría, busca las etiquetas RSPCA y ASC (pescado de acuicultura responsable certificada), que garantiza que procede de fuentes responsables.

Carne y huevos

Si se apuesta por comer carne, desde luego abogo por prácticas ganaderas que busquen el bienestar animal, que ofrezcan carne ecológica de animales criados en libertad, en un ambiente sin estrés y que hayan tenido una vida saludable. Como todo en la vida, se paga más por la calidad, pero creo que se pueden incluir cortes baratos de carne en los menús semanales con solo un poco de planificación. Si se opta por consumir otras proteínas de calidad, mis recetas con menos carne o vegetarianas darán algunas ideas. Para comprar algunos de los cortes incluidos en este libro deberás ir a una carnicería, algo que no puedo dejar de recomendar: siempre dan buenos consejos, traen cortes especiales por encargo y te venderán los pesos exactos que necesitas. A menos que sea esencial para una receta, no especificamos el tamaño de los huevos. De manera natural, las gallinas ponen huevos de todos los tamaños; para apoyar el bienestar de los animales, busca cartones con tamaños mezclados. En cuanto a los huevos y cualquier alimento que los contenga, como pasta o mayonesa, siempre de corral o ecológicos.

Más lácteos

Los productos lácteos básicos, como la leche, el yogur y la mantequilla, deben ser ecológicos en la medida de lo posible. A diferencia de la carne, no salen mucho más caros, pero son del todo recomendables. Además, comprando ecológico apuestas por el bienestar de los animales y un mejor cuidado de la tierra.

Sabor al máximo

En este libro uso muchas «bombas de sabor», ingredientes fáciles de conseguir con los que añadir máximo sabor sin perder tiempo. Me gustan las salsas como harissa, miso, gochujang, pesto, tahini y muchas pastas de curri. Entre los ingredientes en salmuera destacan los tarros de pimientos rojos asados, las aceitunas y las alcaparras. En aceite, las anchoas y los tomates secos. Uno solo de estos ingredientes ya potencia el sabor de un plato. Me gustan las mezclas de especias como dukkah, curri, copos de guindilla roja seca y pimentón; frutos secos, frutas desecadas y semillas; condimentos más picantes como la mostaza, los aceites y salsas de guindilla, y el chutney de mango, y salsas como barbacoa, hoisin, de soja y de pescado. Todos ellos marcan la diferencia. Garantizan el sabor y la textura, educan el paladar y ahorran mucho tiempo de preparación. La mayoría no son perecederos, por lo que no hay prisa por consumirlos enseguida.

La clave: las hierbas aromáticas frescas

Las hierbas frescas son un regalo para cualquier cocinero. En lugar de comprarlas, ¿por qué no las cultivas en el jardín o en una maceta en el alféizar de la ventana? Con ellas se consigue que un sabor sea protagonista sin necesidad de pasarse con la sazón. Además, aportan todo tipo de cualidades nutricionales increíbles (¡qué más se puede pedir!). Y no hay que olvidar las hierbas secas; no sustituyen a las frescas, simplemente son distintas. Por fortuna, siguen conservando mucho de su valor nutritivo, pero es el cambio drástico de sabor que aportan lo que nos resulta útil a los cocineros. Además, no son perecederas y es muy práctico tenerlas siempre listas para usar.

Organización del frigorífico

A la hora de organizar la nevera, recuerda que la carne y el pescado crudos deben envolverse bien y colocarse en el estante inferior para evitar la contaminación cruzada. Cualquier alimento que esté listo para comer, tanto cocinado como crudo, debe guardarse en un estante superior.

El congelador es tu mejor aliado

Sin lugar a dudas, un congelador bien abastecido será tu mejor aliado, y aquí recojo algunas reglas básicas para utilizarlo bien. Si cocinas grandes cantidades de comida, recuerda dejarla enfriar antes de congelarla. Divídela en porciones para que se enfríen más rápido y mételas en el congelador antes de que hayan transcurrido 2 horas. Comprueba que todo esté bien envuelto y etiquetado para localizarlo después. Descongélalo en el frigorífico y utilízalo antes de 48 horas. Si has congelado alimentos cocinados, no vuelvas a congelarlos después de haberlos recalentado o descongelado. Desde el punto de vista nutricional, congelar frutas y verduras poco después de recolectarlas conserva el valor nutritivo de forma muy eficiente, superando a menudo a sus equivalentes frescos, que quizá lleven tiempo en la cadena de suministro. En este libro verás que he utilizado verduras y frutas congeladas (¡me encantan!); son prácticas y se consiguen fácilmente.

Respecto a la freidora de aire...

Todas las recetas se probaron al menos dos veces en una air fryer de Tefal individual (4,2 litros) o con doble cubeta (8,3 litros), así como en distintas freidoras de aire por mi equipo de probadores de la oficina en sus casas. Cada modelo es distinto y el resultado también lo será. Mis indicaciones en cada receta pueden servir como guía, pero hay que seguir el instinto y ajustar los tiempos si tu máquina calienta un poco más o menos que la media.

Unos apuntes del equipo de nutricionistas de Jamie

Nuestro trabajo consiste en comprobar que las recetas de Jamie sean creativas y que cumplan las pautas que hemos establecido. Cada libro nace de una premisa distinta; la de *Air fryer fácil* ha sido ofrecer recetas que pueden cocinarse en una air fryer cada día de la semana. Salvo el capítulo de postres y algunos trucos, como los aliños, el 70% son recetas que puedes preparar cada día según nuestras pautas. En algunos casos, las recetas no constituyen una comida completa, por lo que tendrás que añadir lo que les falte; la información que presentamos ayudará al respecto. Para que puedas elegir con criterio, en cada receta incluimos la información nutricional correspondiente a una porción. Queremos inspirar una forma de comer más sostenible, por lo que el 72% de las recetas son sin carne o con menos carne (es decir, contienen al menos un 30% menos de carne que una ración normal). La comida es divertida, alegre, creativa. Nos proporciona energía y es crucial para mantener la salud. Recuerda que llevar una dieta nutritiva, variada y equilibrada y hacer ejercicio con regularidad son las claves de un estilo de vida saludable. No clasificamos los alimentos en «buenos» y «malos»; hay cabida para todos. Pero es importante entender la diferencia entre los alimentos nutritivos de consumo diario y los ocasionales. Si deseas más información sobre nuestras pautas y sobre cómo analizamos las recetas, visita la web jamieoliver.com/nutrition.

Rozzie Batchelar. Jefa de Nutrición, RNutr (Alimentación)

Una dieta equilibrada

Cuando hablamos de comer bien, el equilibrio es la clave. Si sabes equilibrar tus comidas y mantener las raciones bajo control, estarás en el camino hacia la buena salud. Es importante consumir una gran variedad de alimentos a fin de disponer de los nutrientes que el cuerpo necesita para estar sano. No es imprescindible ser riguroso cada día; solo hay que perseguir el equilibrio a lo largo de la semana. Como guía general, si la carne y el pescado forman parte de tu dieta, en las comidas principales debes incluir como mínimo dos porciones de pescado a la semana (uno de pescado azul) y en el resto, verduras, algo de ave de corral y de carne roja. Una dieta vegetariana estricta también puede ser perfectamente sana.

Qué es el equilibrio

La guía Eatwell del Gobierno del Reino Unido muestra cómo debería ser una dieta saludable y equilibrada. En esta tabla encontrarás los porcentajes de cada grupo de alimentos que deberías comer en un día.

LOS CINCO GRUPOS DE ALIMENTOS	PORCENTAJE
Fruta y verduras	40%
Carbohidratos complejos (pan, arroz, patatas, pasta)	38%
Proteínas (carne magra, pescado, huevos, legumbres, otras fuentes no lácteas)	12%
Productos lácteos, leche y alternativas a los lácteos	8%
Grasas no saturadas (como aceites)	1%
Y NO TE OLVIDES DE BEBER MUCHA AGUA	

Intenta consumir solo ocasionalmente alimentos y bebidas con alto contenido en grasas, sal o azúcar.

Frutas y verduras

Para llevar una vida saludable, las frutas y las verduras deben ocupar un lugar central en tu dieta. Son muy variadas de formas, colores, tamaños, sabores y texturas, y contienen muchas vitaminas y minerales, esenciales para nuestra salud. Mezcla tantos alimentos como puedas y que sean de temporada, para asegurarte de que están en su mejor momento y son más nutritivos. El mínimo imprescindible es tomar 5 porciones de frutas y verduras cada día (frescas, congeladas o enlatadas) y aumentar esta cantidad siempre que sea posible. Se considera una porción 80 g o un puñado grande. También cuentan como una de esas 5 porciones 30 g de fruta deshidratada, 80 g de legumbres o 150 ml de zumo de verdura o fruta, sin azúcar añadido, al día.

Carbohidratos complejos

Nos proporcionan buena parte de la energía necesaria para movernos y para dar a nuestros órganos el combustible que precisan para funcionar. De ser posible, opta por variedades integrales, más ricas en fibra. Para un adulto medio se recomiendan 260 g de carbohidratos al día; un máximo de 90 g pueden proceder de azúcares totales (de las frutas enteras, la leche y los productos lácteos) y un máximo de 30 g de azúcares libres (los que se añaden a los alimentos y bebidas, y los de la miel, los siropes, los zumos y los batidos de frutas). La fibra también se considera un carbohidrato y se encuentra principalmente en los alimentos de origen vegetal (los cereales integrales, frutas y verduras). Asimismo, ayuda a mantener sano el sistema digestivo y a controlar el nivel de azúcar y colesterol en la sangre. Los adultos deben ingerir 30 g de fibra al día como mínimo.

Proteínas

Son los ladrillos que componen nuestro cuerpo, y se utilizan para desarrollarlo y repararlo. Procura que sean variadas e incluyan más legumbres y dos raciones de pescado de origen sostenible a la semana (una de ellas de pescado azul). En cuanto a la carne, elige cortes magros y reduce el consumo de carnes rojas y procesadas. Las alubias, los guisantes y las lentejas son excelentes alternativas a la carne porque son naturalmente bajos en grasa y, además de proteínas, contienen fibra y algunas vitaminas y minerales. Otras fuentes de proteína nutritivas son el tofu, los huevos, los frutos secos y las semillas. La clave es la variedad. La cantidad óptima en personas de 19 a 50 años es de 45 g al día para las mujeres y 55 g para los hombres.

Lácteos, leche y sus alternativas

Aportan una gran variedad de nutrientes, pero deben consumirse en las cantidades adecuadas. Es mejor optar por la leche, el yogur y pequeñas cantidades de queso orgánicos. Las variedades de bajo contenido en grasa (sin azúcar añadido) también son buenas alternativas. Si se eligen las versiones de origen vegetal, se recomiendan las opciones enriquecidas y sin azúcar añadido, con calcio, yodo y vitamina B12, para no perder los nutrientes clave que aportan los lácteos.

Grasas no saturadas

Se necesitan en pequeñas cantidades, pero tienen que ser saludables. Si es posible, procedentes de fuentes no saturadas, como aceites de oliva y vegetales, frutos secos, semillas, aguacate y pescado azul rico en omega-3. En general, se recomienda que una mujer media no tome más de 70 g de grasa al día (de los que menos de 20 g pueden ser saturadas) y un hombre medio, no más de 90 g (menos de 30 g de saturadas).

Bebe agua abundante

¡El agua es esencial para la vida y para todas las funciones del cuerpo humano! En general, con más de 14 años se necesitan al menos 2 litros al día en el caso de las mujeres y al menos 2,5 litros al día para los hombres.

Información calórica y nutricional

Una mujer media necesita 2.000 calorías al día y unas 2.500 los hombres. Estas cifras son solo una guía, pues la edad, la constitución, el estilo de vida y el nivel de actividad las determinan.

Mil gracias

Ah, los agradecimientos. Esta doble página oculta al final de cada libro en realidad es bastante importante, porque contiene los nombres de todas esas personas maravillosas, llenas de talento y comprometidas que me ayudan en la creación de mis libros. Desde la concepción de una idea hasta el libro físico que tienes entre las manos, muchísimas cabezas me ayudan a dar forma y perfeccionar el contenido, a crearlo físicamente y, por supuesto, a hacerlo llegar a cada uno de vosotros. Es inevitable que me olvide de alguien, perdóname si eres tú, y que sepas que te aprecio muchísimo.

Primero está mi increíble equipo culinario, que me ayuda a desarrollar las recetas y a identificar las lagunas, que las prueban una y otra vez para asegurarse de que funcionan, y que me ayudan en las sesiones fotográficas que llenan estas páginas de inspiración y alegría para los ojos. Lo dirige con entusiasmo la formidable y divina Ginny Rolfe, y su encantador y talentoso equipo, con Joss Herd, Ben Slater, Anna Helm Baxter y Rachel Young, y la increíble Sharon Sharpe. Todo mi reconocimiento a Laura McLeish por mantenernos organizados, así como a la maravillosa Helen Martin (espero que estés cómodamente sentada con una copa de algo delicioso en las manos mientras lees esto. ¡Feliz jubilación!). Toda mi admiración para mis manos derechas, Pete Begg y Bobby Sebire, sabéis que os quiero, y por mi talentoso y fiel equipo culinario de colaboradores autónomos. Gracias a mis magníficas catadoras, Isla Murray y Maddie Rix, y a Sophie Mackinnon, Fran Paling y Eliot Burke por este libro.

Mi jefa de nutrición, Rozzie Batchelar, hace su trabajo con paciencia y elegancia. En cuanto a seguridad alimentaria, normas alimentarias, ganadería y ética, Lucinda Cobb lo tiene todo bajo control.

Mi maravillosa editora jefe, Rebecca Verity, está siempre al timón y cuidando cada palabra, con ayuda de la genial Jade Melling y la reina de las pruebas con la air fryer, Ruth Tebby, así como Polly Mackintosh y los ases de mi estupendo equipo editorial.

En cuanto al diseño y toda la parte creativa, todo mi reconocimiento a mi director creativo, James Verity, a la encantadora Davina Mistry y al resto del increíble equipo de diseño.

Me encanta el aire fresco y limpio de la fotografía de este libro, y eso se debe al señor David Loftus, mi querido amigo y respetado fotógrafo, con el apoyo entusiasta de Richard Bowyer.

A mi editorial. Agradezco la fuerza motriz que es Penguin Random House. Muchos de los miembros del equipo han formado parte conmigo de este maravilloso mundo de la edición desde hace años, y les agradezco muchísimo esa constancia. A mi querido amigo Tom Weldon y a Louise Moore, que nunca pierde su estilo. A Elizabeth Smith, Clare Parker, Tom Troughton, Ella Watkins, Rebecca Ogden, Juliette Butler, Katherine Tibbals, Lee Motley, Sarah Fraser, Nick Lowndes, Christina Ellicott, Emily Harvey, Kelly Mason, Eleanor Rhodes Davies, Emma Carter, Hannah Padgham, Chris Wyatt, Tracy Orchard, Chantal Noel, Anjali Nathani, Kate Reiners, Tyra Burr, Joanna Whitehead, Agnes Watters, Lee-Anne Williams, Jessica Meredeen, Danielle Appleton, Grace Dellar, Sally Hargrave, Stuart Anderson, Anna Curvis, Akua Akowuah, Samantha Waide, Richard Rowlands, Carrie Anderson.

Y mi cariño como siempre a la querida Annie Lee, y a Emma Horton, Jill Cole y Catherine Hookway.

Mi equipo de Jamie Oliver oficial es un grupo maravilloso de personas llenas de pasión y talento con las que tengo la suerte de trabajar a diario. Su entusiasmo y creatividad se reflejan en cada libro. Por mencionar a algunos de los integrantes clave, gracias a las maestras del marketing Rosalind Godber y Clare Duffy, y a las reinas de las relaciones públicas, Tamsyn Zeitsman y Lydia Waller. Al equipo social dirigido por Letitia Becher, a Rich Herd y el resto del equipo de producción de vídeo (VPU).

Al papel primordial de Pamela Lovelock, Therese MacDermott y mi querido John Dewar, y a Timiko Cranwell y el equipo legal. Por supuesto, también participan otros equipos increíbles como el de personal, operaciones, informática, promoción y distribución, e infraestructura.

Una mención especial a mi director ejecutivo, el señor Kevin Styles, a mi subdirectora desde hace años, Louise Holland, a mi directora de comunicación, la increíble Zoe Collins, y a la mejor asistente ejecutiva que podía desear, Ali Solway.

Y un gracias inmenso a mi increíble equipo de probadores de la oficina, que siempre están dispuestos a sacar tiempo para cocinar las recetas en casa y que me dan muchísimos consejos útiles para que todas ellas sean lo más fiables posible.

En cuanto al programa de televisión, hay muchísima gente maravillosa involucrada, pero aquí me voy a centrar en el equipo que más tiempo lleva conmigo. Al trío de los sueños, Sean Moxhay, Sam Beddoes y Katie Millard, gracias por vuestro compromiso y determinación. Gracias también a Amanda Doig-Moore, Renzo Luzardo, Prarthana Peterarulthas y al resto del increíble equipo del programa de televisión. Mil gracias a mi hermano Tobie Tripp por las canciones. Y todo mi reconocimiento, como siempre, a Tim Hancock y al equipo de Channel 4, y a la increíble gente de Fremantle.

Julia Bell, ya sabes lo que eres para mí, gracias por lo que haces.

Y dejo lo mejor para el final: todo mi amor para mi divertida, caótica y estupenda familia, que siempre me apoya. A mi querida Jools, a mis preciosas niñas, Pops, Daisy y Petal, y a mis chicos, Buddy y River. Estoy orgullosísimo de vosotros. A mis padres, las luces que me guían, al resto de la familia, y al jefe, el único e incomparable Gennaro Contaldo; un día, amigo mío, te enseñaré cómo funciona una air fryer…

Índice

Las recetas marcadas con una V son aptas para vegetarianos. En algunos casos tendrás que sustituir el queso, como por ejemplo el parmesano, por una alternativa vegetariana.

A

B

C

E

F

G

H

K

Q

R

S

T

U

V

Y

Z

Para obtener una lista de todas las recetas vegetarianas, veganas, sin lácteos o sin gluten de este libro, consulta: jamieoliver.com/easyairfryer/reference

Libros de Jamie Oliver

1 La cocina de Jamie Oliver *2002*

2 La cocina italiana de Jamie *2005*

3 En casa con Jamie *2007*

4 La escuela de cocina *2009*

5 Las escapadas de Jamie *2010*

6 Las comidas en 30 minutos de Jamie *2010*

7 Las comidas de Jamie en 15 minutos *2012*

8 Ahorra con Jamie *2013*

9 Comfort Food *2014*

10 Recetas sanas para cada día *2015*

11 Cocina sana en familia *2016*

12 5 ingredientes *2017*

13 Jamie cocina en Italia *2018*

14 Veg *2019*

15 7 ideas *2020*

16 Comer juntos *2021*

17 Uno *2022*

18 5 ingredientes mediterráneos *2023*

19 Simplemente Jamie *2024*

¿Quieres más?

Para encontrar consejos prácticos sobre nutrición, así como vídeos, artículos, sugerencias, trucos e ideas sobre diversos temas, montones de recetas fantásticas y mucho más, consulta:

JAMIEOLIVER.COM **#EASYAIRFRYER**

Papel certificado por el Forest Stewardship Council®

Título original: *Easy Air Fryer*

Publicado por primera vez en el Reino Unido en 2025 por Michael Joseph.
Michael Joseph forma parte del grupo de empresas Penguin Random House.

Primera edición: mayo de 2025

Diseño: Jamie Oliver Limited
Reproducción del color: Altaimage Ltd

Impreso en Alemania por Mohn Media

ISBN: 978-84-253-6985-8
Depósito legal: B-22.325-2024

Compuesto en M. I. Maquetación, S. L.

GR 6 9 8 5 8
www.jamieoliver.com

GRACIAS
Gracias por comprar mi libro de cocina. Con ello contribuyes a mi programa Ministry of Food, cuyo objetivo es enseñar a cocinar a un millón de personas de aquí a 2030.
MÁS INFORMACIÓN EN: JAMIEOLIVER.COM/MOF